交通运输专业能力评价教材

道路桥梁建筑信息模型技术应用人员

（基础知识）

交通运输部职业资格中心　组织编写

人民交通出版社

北京

内 容 提 要

交通运输专业能力评价教材《道路桥梁建筑信息模型技术应用人员》由交通运输部职业资格中心组织编写，分为基础知识和专业实务两册。本书为基础知识册，共九章，分别为概述、BIM 基础知识、BIM 技术政策和标准、BIM 与工程项目信息管理、BIM + 新技术应用、BIM 在国内外的发展状况、BIM 应用展望、道路桥梁工程概述和道路桥梁工程制图与识图。

本书可作为道路桥梁建筑信息模型技术应用人员专业能力评价教材，也可作为道路桥梁工程勘察设计、施工、运营等单位从业人员和院校师生的学习参考书。

图书在版编目(CIP)数据

道路桥梁建筑信息模型技术应用人员. 基础知识/ 交通运输部职业资格中心组织编写. —北京：人民交通出版社股份有限公司, 2024.7. —ISBN 978-7-114-19621-8

Ⅰ. U41-39；U44-39

中国国家版本馆 CIP 数据核字第 2024WE9251 号

交通运输专业能力评价教材

书　名：	**道路桥梁建筑信息模型技术应用人员**（基础知识）
著 作 者：	交通运输部职业资格中心
责任编辑：	石　遥　刘永超　李　农
责任校对：	赵媛媛　魏佳宁
责任印制：	刘高彤
出版发行：	人民交通出版社
地　　址：	(100011)北京市朝阳区安定门外外馆斜街 3 号
网　　址：	http://www.ccpcl.com.cn
销售电话：	(010)59757973
总 经 销：	人民交通出版社发行部
经　　销：	各地新华书店
印　　刷：	北京市密东印刷有限公司
开　　本：	787×1092　1/16
印　　张：	12
字　　数：	285 千
版　　次：	2024 年 7 月　第 1 版
印　　次：	2024 年 7 月　第 1 次印刷
书　　号：	ISBN 978-7-114-19621-8
定　　价：	60.00 元

(有印刷、装订质量问题的图书，由本社负责调换)

《道路桥梁建筑信息模型技术应用人员（基础知识）》

编 写 人 员

主　　编：阮志刚
副 主 编：吴增涛　徐　韬
成　　员：陈晓明　蔡广聪　李　红

审 定 人 员

主　　审：欧阳伟
成　　员：徐　润　李宏郑　朱海涛　杨　宏　许红胜
　　　　　王立争　汪谷香　林　林

前言

当前,建筑信息模型(BIM)技术正全面融入交通运输工程建设各领域和全过程,给人们生产生活方式带来广泛而深刻的影响,同时也在刷新职业的内涵以及从业人员对人才评价的要求。为满足交通强国建设对交通技术技能人才的需要,保障道路桥梁建筑信息模型技术应用质量,不断提高道路桥梁建筑信息模型技术应用人员专业能力评价工作的专业性、针对性和实效性,交通运输部职业资格中心依据《道路桥梁建筑信息模型技术应用人员职业标准》,组织编写了本教材。

本教材有三个特点:**一是兼顾广度与深度**。教材在全面系统介绍 BIM 技术基础理论的同时,还深挖其与物联网、云计算、虚拟现实、三维激光扫描和 3D 打印等新技术的协同应用潜力,立体展现 BIM 技术在道路桥梁工程中的多元应用价值及其深远影响。**二是突出实用性和创新性**。教材不仅详述了 BIM 技术引领的变革优势,还精心选取了大量工程创新应用案例,旨在激发读者的创新思维并提升其解决实际工程问题的能力。**三是突出时效性和前瞻性**。教材不仅聚焦国内 BIM 技术发展脉络与现状,还广泛介绍了 BIM 技术在全球范围内的发展趋势。此外,还总结了 BIM 技术在智慧建造、智慧运维、绿色低碳和安全管理等领域的前沿创新探索,旨在为读者展望未来 BIM 技术创新应用的广阔前景。

本教材共有九章。其中,第一、八、九章由徐韬、陈晓明编写;第二章由阮志刚、蔡广聪编写;第三、五、六、七章由吴增涛编写;第四章由李红、吴增涛编写。本教材由阮志刚统稿。

本教材在编写过程中,虽经反复推敲,仍难免存在纰漏,敬请广大读者批评指正。

交通运输部职业资格中心
2024 年 6 月

目录

第一章 概述 ·· 1

　　第一节　职业定义、特征及作用 ··· 1
　　第二节　职业道德 ··· 3

第二章 BIM 基础知识 ··· 6

　　第一节　BIM 技术概述 ·· 6
　　第二节　BIM 的软件体系和硬件环境 ·································· 12
　　第三节　BIM 在路桥建设全生命周期的应用 ······················ 19

第三章 BIM 技术政策和标准 ··· 32

　　第一节　BIM 技术政策 ·· 32
　　第二节　BIM 相关标准 ·· 41

第四章 BIM 与工程项目信息管理 ·· 59

　　第一节　工程项目信息管理概述 ·· 59
　　第二节　工程项目信息管理系统 ·· 61
　　第三节　基于 BIM 的工程项目信息管理 ···························· 63

第五章 BIM+新技术应用 ………………………………………………………… 76

第一节 BIM+GIS ……………………………………………………… 76
第二节 BIM+VR ……………………………………………………… 79
第三节 BIM+IoT ……………………………………………………… 83
第四节 BIM+云计算 …………………………………………………… 87
第五节 BIM+AR ……………………………………………………… 90
第六节 BIM+三维激光扫描 …………………………………………… 92
第七节 BIM+3D打印 …………………………………………………… 95

第六章 BIM在国内外的发展状况 ……………………………………………… 99

第一节 BIM的发展沿革 ……………………………………………… 99
第二节 BIM在国外的发展状况 ……………………………………… 100
第三节 BIM在国内的发展状况 ……………………………………… 105

第七章 BIM应用展望 …………………………………………………………… 111

第一节 BIM应用趋势 ………………………………………………… 111
第二节 BIM面临挑战 ………………………………………………… 112
第三节 BIM发展机遇 ………………………………………………… 113

第八章 道路桥梁工程概述 ……………………………………………………… 119

第一节 道路路基工程 ………………………………………………… 119
第二节 道路路面工程 ………………………………………………… 124
第三节 桥梁工程 ……………………………………………………… 130

第九章 道路桥梁工程制图与识图 ……………………………………………… 136

第一节 道路工程制图标准 …………………………………………… 136
第二节 投影基本知识 ………………………………………………… 145
第三节 地形图识读 …………………………………………………… 153
第四节 道路工程图识读 ……………………………………………… 161
第五节 桥涵工程图识读 ……………………………………………… 168

参考文献 ………………………………………………………………………… 183

第一章 概述

本章主要介绍道路桥梁建筑信息模型技术应用人员的职业定义、特征、作用和职业道德等内容，有助于从业人员了解岗位工作内容，树立良好的职业道德。

第一节 职业定义、特征及作用

一、职业定义

建筑信息模型技术应用人员是指拥有建筑信息模型(BIM)相关管理、技术、法规的知识与技能，能够熟练使用各类 BIM 技术软件，创建、应用与管理适用于建设工程和设施规划、设计、施工及运维所需的三维数字模型的技术人员。BIM 技术应用人员既要有一定的理论水平和建模基础，还要有一定的实践经验和组织管理能力。

道路桥梁建筑信息模型技术应用人员是指使用建筑信息模型(BIM)软件，在道路桥梁工程及设施的规划、设计、施工及运维等过程中从事建筑信息模型技术应用的人员。

二、职业特征

道路桥梁建筑信息模型技术应用人员的职业特征主要体现在以下几个方面：

技术专业性：此类人员需具备深厚的土木工程尤其是道路桥梁工程的专业知识，同时精通建筑信息模型(BIM)技术及相关软件操作，能够将先进的信息技术与传统工程实践相结合。

数字化技能：核心能力在于利用三维数字模型进行工程项目全生命周期管理，包括设计优化、施工模拟、成本估算、进度规划及运维预测等，这要求他们持续跟进 BIM 技术的最新发展，掌握高级建模、数据分析和信息集成技术。

跨领域协作：在项目实施过程中，需要与设计师、工程师、施工管理人员、业主等多方面人员紧密合作，因此，良好的沟通协调能力和团队合作精神是必不可少的。

问题解决与决策支持：利用 BIM 模型识别并解决潜在的设计冲突、施工难题，提供数据支持以辅助决策制定，优化项目方案，减少风险，提高工程质量和经济效益。

持续学习：鉴于 BIM 技术和建筑业的快速进步，持续学习新技术、新标准、新流程对于保持竞争力至关重要。

标准化操作:熟悉并遵循国内外 BIM 应用的标准和规范,确保模型的兼容性、准确性和可交换性,促进项目参与方之间的高效协同作业。

创新意识:鼓励创新思维,不断探索 BIM 技术在道路桥梁工程中的新应用,推动行业向智能化、数字化转型。

这些特征表明,道路桥梁建筑信息模型技术应用人员是兼具技术深度与广度、擅长数字化管理并能在复杂工程环境中发挥关键作用的高级技术人才。

三、职业作用

道路桥梁建筑信息模型技术应用人员在现代道路桥梁工程项目中扮演着至关重要的角色,他们的职业作用广泛且深入,主要包括但不限于以下几个方面:

提高设计质量:通过创建精确的三维模型,BIM 技术应用人员可以在设计阶段就发现并解决潜在的构造冲突,提高设计的精确性和可行性,减少施工阶段的变更。

优化施工管理:利用 BIM 模型进行施工模拟和进度规划,帮助项目团队更好地理解施工流程,优化资源配置,提高施工效率,同时也能有效控制成本和管理风险。

增强协同作业:BIM 模型作为信息共享平台,促进了设计师、工程师、施工人员及业主之间的沟通与协作,确保所有参与者基于同一套准确的信息工作,减少误解和错误。

支持决策制定:通过模型数据分析,BIM 技术应用人员可以为项目管理者提供数据驱动的决策支持,例如成本效益分析、可持续性评估等,帮助做出更加明智的项目管理决策。

促进运维管理:BIM 模型包含丰富的设施信息,为项目运维阶段提供了详细的资产信息和维护计划,有助于提高设施的维护效率和使用寿命。

推动技术创新:作为技术先锋,BIM 技术应用人员不断探索和应用新技术,如四维施工模拟(考虑时间维度)、五维成本管理(加入成本维度),以及使用人工智能和大数据分析来进一步提升项目管理的智能化水平。

遵守规范与标准:确保 BIM 模型的建立和应用符合国家和行业标准规范,提升项目合规性和专业性。

节能减排与可持续性:通过精细化管理减少材料浪费,优化能源使用,支持绿色建筑和可持续基础设施的发展。

综上所述,道路桥梁 BIM 技术应用人员通过其专业技能和数字化工具的应用,不仅提升了工程项目的经济性、效率和质量,还促进了整个行业的现代化和可持续发展。

四、主要工作

(一)在设计阶段的主要工作

道路桥梁 BIM 技术应用人员通过创建数字化模型,能更准确地表达设计意图,突出设计效果,满足业主需求。利用模型进行专业协同设计,可减少设计错误,通过碰撞检查,可在施工前找出可能存在的碰撞点。利用模型实现可视化设计会审,增强各专业间信息传递、交换的效率,有利于各方沟通理解。

(二) 在施工阶段的主要工作

道路桥梁 BIM 技术应用人员利用数字模型,在施工进场前便可进行虚拟仿真施工建造,最大限度消除正式施工中的不确定性和不可预见性因素,降低施工风险,保证施工技术方案的可行、安全、合理和优化。可在设计模型的基础上,进行施工深化设计,解决设计信息中没有体现的细节问题和施工细部做法,可对施工工人进行可视化交底。利用模型也可进行施工过程的进度、成本、质量控制。

(三) 在运维阶段的主要工作

道路桥梁 BIM 技术应用人员通过 BIM 建立维护工作的历史记录,可以对设施和设备的状态进行跟踪,对一些重要设备的适用状态提前预判,并自动根据维护记录和养护计划提示到期需保养的设备和设施,对故障的设备、破损路面从发现上报、派工养护维修到完工验收、回访等均进行记录,实现全过程信息化、自动化管理。

第二节　职　业　道　德

一、职业道德基本知识

职业道德是从业者在职业活动中应该遵循的符合自身职业特点的职业行为规范,是人们通过学习与实践养成的优良职业品质,它涉及从业人员与服务对象、职业与职工、职业与职业之间的关系。职业道德行为规范是根据职业特点确定的,它是指导和评价人们职业行为善恶的准则。

职业道德主要有以下六个方面的特征:

职业性。职业道德必须通过从业者在职业活动中体现,职业道德主要体现在从事工作的人群中。

普遍性。职业道德的普遍性首先是由其职业性决定的。从事职业的人群众多,范围广大,决定了职业道德必然带有普遍性,职业道德有从业者必须共同遵守的基本行为规范。

自律性。职业道德具有自我约束、自我控制的特征。从业者具有职业道德的意识、觉悟、良心、意志、信念、理想,进而产生良好的职业道德品质,在工作中形成有利于社会、集体行为的高度自觉。

他律性。从业人员在职业生涯中,随时都受到所从事职业领域的职业道德舆论的影响。

鲜明的行业性和多样性。职业道德是与社会职业分工紧密相连的,各行各业都有适合自身行业特点的职业道德规范。

实践性。从业者的意识、觉悟、良心、意志、信念、理想、行为规范都必须通过职业的实践活动,在自己的职业行为中表现出来,并且接受行业职业道德的评价和自我评价,使职业道德形成一个理论与实践的紧密结合体。

二、职业守则

中华人民共和国人力资源和社会保障部制定的《国家职业技能标准(建筑信息模型技术员)》把道路桥梁BIM技术应用人员职业守则归纳为以下五点：

(1)遵纪守法，爱岗敬业。从业人员必须遵守的法纪除了国家颁布的各种法律法规和管理条例，如《中华人民共和国宪法》《中华人民共和国刑法》《中华人民共和国公路法》《中华人民共和国环境保护法》《公路工程建设项目招标投标管理办法》《建设工程质量管理条例》等，还包括各种建设标准、规范，以及行业企业制定的劳动纪律、规章制度、准则、公约、守则、规程等。爱岗敬业，就是要热爱本职工作，在工作中兢兢业业、忠于职守、持之以恒地完成工作任务，认真负责地履行全部岗位职责。

(2)诚实守信，认真严谨。诚实守信是人的立身基础，是和谐社会建设的重要条件。信守诺言、信守主张、信守契约是道路桥梁BIM技术应用人员的基本职业素质。认真严谨不仅是BIM技术应用人员个人品质的体现，也是工作成功的关键。"严"字体现在严肃、严格、严密这几个方面，"谨"字则体现在谨慎上。BIM技术应用人员要时刻以严肃、谨慎的态度，以严格、严密的标准对待每一项设计建模相关工作。

(3)尊重科学，精益求精。尊重科学意味着尊重客观规律，追求真理。BIM技术是道路桥梁设计的科技手段，其本身也在不断发展和完善，BIM技术应用人员尊重科学不光体现在对技术的学习、掌握，还应体现在使用BIM技术所完成的道路桥梁设计成果能经得起检验。而且道路桥梁整个设计过程就是一个反复比较、精益求精的过程，BIM技术应用人员在尊重科学、满足行业规范的前提下，在保证行车安全的基础上，以追求完美的工匠精神，不断优化项目，更好地实现路线平顺舒适、指标大小均衡、环境破坏较小、经济效益最佳的目的。

(4)团结合作，勇于创新。团结协作、互帮互助本就是职业行为中应该遵守的基本职业道德。道路桥梁勘察设计阶段涉及的专业包括地理信息系统(GIS)、路线工程、桥梁工程、隧道工程、交通安全设施工程、道路交叉工程等，需要不同专业之间协同配合，而在项目全生命周期内，又需要各参建方之间共通共享，这都需要BIM技术应用人员处理好分工与协作之间的关系。勇于创新意味着在面对新情况、新问题时，能够结合实际情况，总结新经验、新方法，概括新理论、新观点，有所发现、有所创造、有所前进。BIM技术本就是新技术，这要求BIM技术应用人员摒弃传统的固有思维模式，勇于从不同的角度思考问题，寻求新的解决方案，这样才能针对具体的工作，不断提升工作效率和准确性。

(5)终身学习，奉献社会。信息时代BIM技术发展日新月异，作为道路桥梁BIM技术应用人员不可一日不学习，终身学习是职业道德的必备条件，只有勤奋学习，努力提高自己的专业知识和技能水平，才能适应所从事职业的需要。而奉献社会是职业道德行为规范对从业人员的最高要求，体现了从业人员自觉自愿、无私无畏为社会做贡献的人生态度，也是道路桥梁工程领域从业人员为国家新型交通基础设施建设、为行业专业技术发展竭尽全力的光荣使命。

三、需要掌握的职业基础知识

(1)道路桥梁建筑信息模型技术应用人员需掌握计算机基本知识，包括计算机操作基本知识、建筑信息模型相关软硬件安装和使用知识、编程和二次开发基本知识以及网络配置基本知识。

(2)需掌握建筑信息模型概念及应用现状,建筑信息模型特点、作用及价值,建筑信息模型应用软硬件及分类,项目各阶段建筑信息模型应用,建筑信息模型应用工作组织与流程。

(3)需掌握道路桥梁工程制图国家标准及相关行业标准,正投影、轴测投影、透视投影的相关知识及形体表示方法,工程图纸的识读方法。

(4)需掌握道路桥梁工程建设专业知识,包括常见道路桥梁工程结构形式、构造及其设计原理,路基路面的平、纵、横断面结构形式以及设计方法,常见工程材料和设备相关知识,常见施工工艺流程、施工方法和施工要点,施工安全生产知识和要求,施工组织和工程造价基本知识,以及相关的验收规范等。

(5)需掌握《中华人民共和国劳动法》《中华人民共和国建筑法》《中华人民共和国公路法》《中华人民共和国安全生产法》等相关法律知识。

(6)需掌握《公路工程信息模型应用统一标准》(JTG/T 2420)、《公路工程设计信息模型应用标准》(JTG/T 2421)、《公路工程施工信息模型应用标准》(JTG/T 2422)、《建筑信息模型应用统一标准》(GB/T 51212)、《建筑信息模型施工应用标准》(GB/T 51235)、《建筑信息模型设计交付标准》(GB/T 51301)、《建筑信息模型存储标准》(GB/T 51447)等现行标准规范。

第二章 BIM基础知识

本章主要介绍BIM的概念、技术特点、应用背景以及使用的软硬件环境要求，有助于从业人员了解BIM技术在道路桥梁建设全生命周期的具体作用。

第一节 BIM技术概述

一、BIM的概念

BIM是一种数字化的建筑设计和管理工具，通过集成各种建筑信息来实现建筑项目的可视化和协同管理。BIM的概念最早起源于20世纪70年代，但真正得到广泛应用是在21世纪初。

传统的建筑设计过程通常依赖于二维图纸和手工制作的模型，这种方式存在信息不准确、难以协调和交流等问题。而BIM则通过建立一个三维的数字模型，将建筑的各个方面信息集成在一起，包括几何形状、材料特性、施工工艺等，同时把一个工程项目的所有信息，如设计、施工、运营管理过程等信息全部整合到一个建筑模型中，如图2-1所示，从而实现建筑项目的全方位管理和优化。

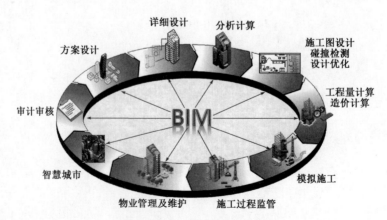

图2-1 建筑各专业集成BIM模型

二、BIM 技术特点

BIM 技术是一种多维(三维空间、四维时间、五维成本、N 维更多应用)模型信息的集成,具有以下技术特点。

(一) 可视化

可视化即"所见即所得",BIM 提供可视化的运用,对于路桥建设发展的作用非常巨大。BIM 提供的可视化思路,能够将以往的线条式构件形成一种三维的立体实物图形进行展示,项目设计、建造、运营过程中的沟通、讨论、决策都可在可视化的状态下进行。

1.设计可视化

设计可视化是在路桥工程设计阶段以三维方式直观呈现出来的界面视图。设计人员运用设计可视化的三维思考方式完成路桥设计,用户可以直接获取路桥建设项目的信息,摆脱技术壁垒限制,并且可大大减小业主、施工方、监理方与设计人员之间的交流沟通障碍。利用 BIM 的漫游功能,可通过创建相机路径,创建动画或一系列图像,向用户进行直观的模型展示。

2.施工可视化

施工可视化包括施工组织可视化和复杂构造节点可视化。

(1)施工组织可视化。

施工组织可视化是利用 BIM 工具创建施工设备、周转材料、临时设施等诸多模型,用来模拟施工过程,确定施工方案,进行施工组织。通过创建各种模型,可以在计算机中进行虚拟施工,使施工组织可视化。

(2)复杂构造节点可视化。

复杂构造节点可视化是利用 BIM 的可视化特性将复杂的构造节点通过可视化特性来全方位呈现。例如传统 CAD(计算机辅助设计)图纸难以表示的钢筋排布,在 BIM 中则能够很好地展现,甚至可以做出钢筋模型的动态视频,有利于施工和技术交流。

3.设备可操作性可视化

设备可操作性可视化即利用 BIM 技术对施工设备空间布局是否合理进行提前检验。例如通过模型可以验证梁厂的操作空间布置是否合理,并能对梁厂中的各种管道支架进行优化。通过制作工作集和设置不同施工路线,可以制作多种多样的设备安装动画,不断调整,从中找出最佳的设备安装位置和工序。与传统的施工方法相比,该方法更直观、清晰。

4.管线碰撞检查可视化

管线碰撞检查可视化即通过将各专业模型组装为一个整体 BIM 模型,使管线与建筑物的碰撞点以三维方式直观显示出来。在传统的路桥工程施工方法中,对管线碰撞检查的方式主要有两种:一是把不同专业的 CAD 图纸合并在一张图上进行观察,根据施工经验和空间想象力找出碰撞点并加以修改;二是在施工的过程中边工作边修正。上述两种方法均费时费力且效率低。通过 BIM 模型技术应用，可以提前在真实的三维空间中找出碰撞点，并由各专业人员在模型中调整好碰撞点或不合理之处后再导出 CAD 图纸。

(二)一体化

BIM 的技术核心是一个由计算机三维模型所形成的数据库，包含建筑师的设计信息，而且可以容纳从设计到建成使用甚至是使用周期终结的全过程信息，实现路桥工程建设项目从设计、施工到运营的全生命周期一体化管理。BIM 可以持续提供项目设计范围、进度以及成本信息，这些信息完整可靠并且完全协调。BIM 能在综合数字环境中保持信息不断更新并可提供访问，使设计人员、施工人员、监理工程师以及业主可以清楚全面地了解项目。这些信息在建筑设计、施工和管理的过程中能使项目质量显著提高，收益增加。BIM 在整个路桥行业从上游到下游的各个企业间不断完善，从而实现项目全生命周期的信息化管理，实现项目功能的最大化。

(三)参数化

参数化建模指的是通过参数(变量)而不是数字建立和分析模型，简单改变模型中的参数值就能建立和分析新的模型。参数化设计可以大大提高模型的生成和修改速度。在参数化设计中，设计人员根据工程关系和几何关系来指定设计要求。

BIM 的参数化设计分为两个部分——"参数化图元"和"参数化修改引擎"。"参数化图元"指的是 BIM 中的图元以构件的形式呈现，这些构件之间的区别主要通过对参数的调整来反映，参数保存了图元作为数字化建筑构件的所有信息；"参数化修改引擎"指的是参数更改技术使用户对建筑设计或文档部分做出的任何改动，都可以自动在其他相关联的部分反映出来。参数化设计的本质是在可变参数的作用下，系统能够自动维护所有的不变参数。参数化设计可以大大提高模型的生成和修改速度。

(四)仿真性

1. 性能分析仿真

性能分析源于建筑物的能耗分析、光照分析、设备分析、绿色分析等。路桥 BIM 技术则可以将在设计过程中所创建的路桥模型中包括几何信息、材料性能、构件属性等在内的大量结构信息导入相关性能分析软件，最终得到相应分析结果。这一性能使得原本 CAD 时代需要专业人士花费大量时间进行海量专业数据输入的过程，可自动轻松完成，显著缩短了工作周期，提高了设计质量，优化了对业主的服务。

2. 施工仿真

(1)施工方案模拟、优化。

施工方案模拟、优化是指通过 BIM 对项目重点及难点部分进行建设可行性模拟与分析，按月、日、时进行施工安装方案的分析优化，验证复杂建筑体系的可建造性，从而提高施工计划的可行性。对项目管理人员而言，可直观了解整个施工安装环节的时间节点、安装工序及疑难点。而施工人员可对原有安装方案进行进一步的优化和改善，达到提高施工效率和施工方案的安全性的目的。

(2)工程量自动计算。

BIM模型作为一个富含工程信息的数据库,可真实地提供造价管理所需的各类工程量数据。基于这些数据信息,计算机可快速对各种路桥施工项目工程量进行统计分析,减少烦琐的人工操作和潜在误差,实现工程量信息与设计文件的统一。通过BIM所获得的准确的工程量统计,可用于设计前期的成本估算、方案比选、成本比较以及开工前预算和竣工后决算等工作。

(3)消除现场施工过程干扰或施工工艺冲突。

随着路桥工程建设规模和BIM使用功能复杂程度的增加,设计、施工甚至业主各方对于路桥行业综合出图的要求愈加强烈。通过搭建各专业BIM模型,设计人员能够在虚拟三维环境下快速发现并及时排除施工中可能遇到的碰撞冲突,减少由此产生的设计变更,显著提高施工现场作业效率,降低因施工不协调造成的成本增长和工期延误。

3.施工进度模拟

施工进度模拟即通过将BIM与施工进度计划相链接,把空间信息与时间信息统一整合在一个可视的四维模型中,直观、精确地反映整个施工过程。当前路桥工程项目管理中常用来表示进度计划的甘特图,虽然专业性强,但可视化程度低,难以清晰描述施工进度以及各种复杂关系,尤其是动态变化过程。通过基于BIM技术的施工进度模拟,可直观、精确地反映整个施工过程,进而缩短工期、降低成本、提高质量。

4.运维仿真

(1)设施设备运行监控。

设施设备的运行监控即采用BIM技术实现路桥建设项目材料、结构及其相关设备的搜索、定位、信息查询等功能。在信息集成的基础上,运用计算机对运维BIM模型中的数据进行操作,可以快速查询构造物的所有信息,如材料生产厂商及其联系方式、结构物使用寿命期限、运行维护情况以及传感器等设备所在位置等。利用终端设备、二维码和RFID(射频识别)技术,通过对设备运行周期的预警管理可以迅速对发生故障的结构、设备等进行检修,有效防止交通运行事故的发生。

(2)能源运行管理。

路桥工程建设和运维使用的设备数量庞大、专业性强,能源需求形式多样、消耗量大,给施工、运维阶段的能源管理带来了不小的压力。能源运行管理即通过BIM模型对路桥工程项目相关用户的能源使用情况进行监控与管理,赋予每个能源使用记录表传感功能,在管理系统中及时做好信息的收集处理,通过能源管理系统对能源消耗情况自动进行统计分析,并且可以及时发现设备安全运行隐患,提示运维人员及时处理,降低工程能源运行管理难度。

(3)建筑空间管理。

建筑空间管理即基于BIM技术,业主通过三维可视化直观地查询定位到每个路桥工程结构的空间位置以及信息,如结构名称、建筑面积等情况;还可以实现工程结构各种信息的提醒功能,同时根据结构信息的变化,实现对数据的及时调整和更新。

(五)协调性

"协调"一直是路桥行业工作中的重点内容,不管是施工单位还是业主或设计单位,无不在做着协调及配合的工作。基于BIM进行工程管理,有助于工程各参与方开展组织协调工作。通过BIM可在建筑物建造前期协调各专业的碰撞问题,生成并提供协调数据。

1.设计协调

设计协调指的是通过BIM三维可视化控件及程序自动检测,可对道路工程平纵横进行直观布置模拟设计,对桥梁结构进行布置和安装,检查是否发生设计冲突,找出核心问题所在及矛盾,还可及时调整平纵组合、结构布置及尺寸关系等,从而有效解决传统方法易引起的设计缺陷,提升设计质量,减少后期修改,降低成本及风险。

2.整体进度规划协调

整体进度规划协调是指基于BIM技术,对路桥工程施工进度进行模拟,同时可以根据施工现场最新变化进行调整,极大缩短施工前期的技术准备时间,并帮助各类各级人员对设计意图和施工方案获得更高层次的理解。

3.成本预算、工程量估算协调

成本预算、工程量估算协调指的是应用BIM技术为造价工程师提供各个设计阶段准确的工程量、设计参数和工程参数。将这些工程量、参数与技术经济指标结合在一起,可以进行准确的估算、概算,再运用价值工程和限额设计等手段对设计成果进行优化。基于BIM技术的造价软件可以进行精确的三维布尔运算和实体扣减,从而获得更符合实际的工程量数据,并且可以自动生成电子文档来交换、共享、远程传递和永久存档。相较于传统统计方法,在很大程度上提高了准确率和速度,有效降低了造价工程师的工作强度,提高了工作效率。

4.运维协调

BIM系统包含了多方运维相关信息,如材料价格信息、质量检测数据、维护信息、施工阶段安装深化图等,BIM系统能够把成堆的图纸、报价单、采购单、工期图等统筹在一起,基于这些信息进行运维协调,最终呈现出直观、实用的数据信息。

(六)优化性

路桥工程的设计、施工、运维过程其实就是一个不断优化的过程,没有准确的信息很难做出合理优化结果。BIM模型提供了道路和桥梁存在的实际信息,包括几何信息、物理信息、规则信息,还提供了建筑物变化以后的实际存在信息。BIM及与其配套的各种优化工具提供了对复杂项目进行优化的可能:把项目设计和投资分析、效益分析结合起来,计算出设计变化对经济效益、社会效益的影响,使得业主更加直观地掌握哪种设计方案更有利于项目建设的需求,对设计施工方案进行优化,可以显著改进工期和造价。

(七)可图示性

运用BIM技术,除了能够进行路线平、纵、横及桥梁结构图的输出外,还可以出具碰撞报告及构件加工图等。

1. 施工图纸输出

通过将路桥、建筑、结构、电气、给水排水、暖通等专业的 BIM 模型整合后,进行管线碰撞检测,可以出综合管线图、综合结构留洞图、碰撞检查报告和建议改进方案。

2. 构件加工指导

(1) 构件加工出图。

通过 BIM 模型对路桥建设的信息化表达,可在 BIM 模型上直接生成构件加工图,不仅能清楚地传达传统图纸的二维关系,而且对于复杂的空间剖面关系也可以清楚准确地表达,同时还能够将离散的二维图纸信息汇集到一个模型当中,这样的模型能够更加紧密地实现与预制工厂的协同和对接。

(2) 构件生产指导。

在构件生产加工过程中,BIM 信息化技术可以直观地表达出配筋的空间关系和各种参数情况,能自动生成构件下料单、派工单、模具规格参数等生产表单,并且能通过可视化的直观表达方式帮助工人更好地理解设计意图,可以形成 BIM 生产模拟动画、流程图、说明图等辅助培训材料,有助于提高工人生产的准确性和质量效率。

(3) 实现预制构件的数字化制造。

借助工厂化、机械化的生产方式,采用集中、大型的生产设备,将 BIM 信息数据输入设备,就可以实现机械的自动化生产,这种数字化建造的方式可以大大提高工作效率和生产质量。例如现在已经实现了钢筋网片的商品化生产,符合设计要求的钢筋在工厂自动下料、自动成型、自动焊接(绑扎),形成标准化的钢筋网片。

(八) 信息完备性

信息完备性体现在 BIM 技术可对工程对象进行三维几何信息和拓扑关系的描述以及完整的工程信息描述,例如对象名称、结构类型、建筑材料、工程性能等设计信息;施工工序、进度、成本、质量以及人力、机械、材料资源等施工信息;工程安全性能、材料耐久性能等维护信息;对象之间的工程逻辑关系等。

三、BIM 应用背景

BIM 的应用背景主要有以下几个方面:

(1) 技术发展。随着计算机技术和软件的快速发展,BIM 可以实现更高效、精确的建筑设计和管理。BIM 软件提供了强大的建模和分析功能,可以帮助设计师更好地进行设计优化和冲突检测。

(2) 建筑行业需求。传统的建筑设计和管理方式已经无法满足现代建筑行业对效率和质量的要求。建筑项目越来越复杂,设计团队之间的协作和信息共享变得更加重要。BIM 的应用可以提高设计效率和质量,并促进设计团队之间的协同工作。

(3) 政策推动。许多国家和地区纷纷制定了相关政策和标准,推动 BIM 在建筑行业的应用。例如美国、英国、新加坡都制定了BIM推广和应用的具体计划与要求。

（4）市场竞争。随着全球建筑市场的竞争加剧，建筑公司需要提高自身的竞争力。BIM作为一种先进的建筑设计和管理工具，可以帮助建筑公司提高设计效率和质量，从而赢得更多的项目和客户。

BIM的应用背景建立在技术发展、行业需求、政策推动和市场竞争等多方面因素的基础上。通过BIM，建筑行业可以实现数字化转型，提高设计效率和质量，促进设计团队之间的协同工作，从而推动整个行业的发展和进步。

第二节　BIM的软件体系和硬件环境

一、BIM应用软件的发展与形成

BIM软件的发展离不开计算机辅助建筑设计（Computer Aided Architectural Design，简称CAAD）软件的发展。1958年，美国的埃勒贝建筑师联合事务所（Ellerbe Associates）利用一台Bendix G15电子计算机进行了将电子计算机运用于建筑设计的首次尝试。1963年，美国麻省理工学院的博士研究生伊凡·萨瑟兰（Ivan Sutherland）发表了博士学位论文《Sketchpad：一个人机通信的图形系统》，并在计算机的图形终编上实现了用光笔绘制、修改图形和对图形进行缩放。这项工作被公认为计算机图形学方面的开创性工作，也为以后计算机辅助设计技术的发展奠定了理论基础。

20世纪60年代是信息技术应用在建筑设计领域的起步阶段。当时比较有名的CAAD系统首推索德（Souder）和克拉克（Clark）研制的Coplanner系统。该系统可用于估算医院的交通流问题，以改进医院的平面布局。这一时期的CAAD系统应用的计算机为大型机，体积庞大，图形显示以刷新式显示器为基础，绘图和数据库管理的软件比较原始，功能有限，价格也十分昂贵，应用范围很小。

20世纪70年代，随着DEC公司的PDP系列16位计算机问世，计算机的性价比大幅度提高，这大大推动了计算机辅助建筑设计的发展。美国波士顿出现了第一个商业化的CAAD系统ARK-2。该系统运行在PDP15/20计算机上，可以进行建筑项目的可行性研究、规划设计、平面图及施工图设计、技术指标及设计说明的编制等。这一时期CAAD的图形技术还是以二维为主，用传统的平面图、立面图、剖面图来表达建筑设计，以图纸为媒介进行技术交流。CAAD系统多为专用型的系统，也有一些通用性的CAAD系统，如Computer Vision、CADAM等，被用于计算机制图。

20世纪80年代，微型计算机的出现对信息技术发展影响巨大。由于微型计算机的价格已经降到大众可以承受的程度，建筑师们将设计工作由大型机转移到微型计算机上，基于16位微型计算机开发的一系列设计软件系统随之出现，这其中AutoCAD、MicroStation、ArchiCAD等软件都是应用于16位微型计算机上的代表性软件。

20世纪90年代以来，计算机技术高速发展，其典型技术包括：高速且功能强大的CPU（中央处理器）芯片、高质量的光栅图形显示器、海量存储器、因特网、多媒体、面向对象技术等。

随着计算机技术的快速发展,其在建筑业得到了空前的发展和广泛的应用,涌现出大量的建筑类软件。随着建筑业的发展以及项目参与各方对工程新的、更高的需求日益增加,BIM技术应用已然成为建筑行业发展的趋势,各种BIM应用软件应运而生。

二、BIM应用软件分类

BIM应用软件是指基于BIM技术的应用软件或者支持BIM技术应用的软件。这些软件一般具备四个特征,即面向对象、基于三维几何模型、包含其他信息和支持开放式标准。按照软件的具体功能,BIM应用软件分为三大类,即BIM基础软件、BIM工具软件和BIM平台软件。

(一)BIM基础软件

BIM基础软件又称为BIM环境软件,是指可用于建立能为多个BIM应用软件所使用的BIM数据的软件。例加,基于BIM技术的路桥设计软件可用于建立路桥设计BIM数据,且该数据能被用在基于BIM技术的施工组织分析软件、造价分析软件等BIM应用软件中。除此以外,基于BIM技术的结构设计软件及设备设计(MEP)软件也包含在这一大类中。目前实际应用中使用的这类软件包括美国Autodesk公司的Revit软件,其中包含了建筑设计软件、结构设计软件及MEP设计软件,以及匈牙利Graphisoft公司的ArchiCAD软件等。

(二)BIM工具软件

BIM工具软件是指利用BIM基础软件提供的BIM数据,开展各种工作的应用软件。例如,利用路桥设计BIM数据,进行造价分析的软件、进行结构分析的软件、生成二维图纸的软件等。目前实际应用中使用的这类软件比较多,如美国Autodesk公司的Ecotect软件,我国软件厂商开发的基于BIM技术的成本预算软件等。有的BIM基础软件除了提供用于建模的功能外,还提供了其他一些功能,所以本身也是BIM工具软件。例如Autodesk公司的Revit软件还提供了生成二维图纸等功能,所以它既是BIM基础软件,也是BIM工具软件。

(三)BIM平台软件

BIM平台软件是指能对各类BIM基础软件及BIM工具软件产生的BIM数据进行有效的管理,以便支持建设工程全生命周期BIM数据共享使用的应用软件。该类软件一般为基于Web(万维网)的应用软件,能够支持工程项目参与各方及各专业技术人员之间通过网络高效地共享信息。例如美国Autodesk的BIM360软件,作为BIM平台软件,包含一系列基于云的服务,支持基于BIM的模型协调和智能对象数据交换;匈牙利Graphisoft公司的Delta Server软件和美国Bentley公司的AECOsim也提供了类似功能。

三、BIM基础建模软件

(一)BIM基础软件介绍

BIM基础软件的主要作用是建模,其主要目的是进行三维设计,其生成的三维模型是后续

BIM应用的基础。

传统二维设计中，路桥工程中的路线和桥涵、隧道等结构物基本上是分开设计的，往往存在不匹配等问题，而且设计的结果多是通过CAD二维图形线条呈现，无法通过计算机进行进一步处理。

BIM基础软件所采用的三维设计改变了这种情况。通过三维技术可以确保只存在一个完整模型，路、桥、隧、平、纵、横图都是同一个三维模型的视图，解决了各部分结构物及视图不一致的问题。同时，其三维构件也可以通过三维数据交换标准被后续BIM应用软件所应用。BIM基础软件具有以下特征：

（1）基于三维图形技术。支持对三维实体进行创建和编辑。

（2）支持常见建筑构件库。BIM基础软件包含梁、墙、板、柱、钢结构等建筑构件。用户可以应用这些内置构件库进行快速建模。

（3）支持三维数据交换标准。BIM基础软件建立的三维模型，可以通过IFC（工业基础）等标准输出，为其他BIM应用软件使用。

（二）BIM模型创建软件

1. BIM概念设计软件

BIM概念设计软件主要用在设计初期，是在充分理解设计任务书和分析业主具体要求及方案意图的基础上，将设计任务书里基于数字的项目要求转化为基于几何形体的建设方案，此方案用于业主和设计人员之间的沟通和方案研究论证。论证后的成果可以转换到BIM核心建模软件里面进行设计深化，并继续验证所设计的方案能否满足实际建设要求。目前主要的BIM概念软件有SketchUp Pro和Affinity等。

2. BIM核心建模软件

BIM核心建模软件的英文通常叫"BIM Authoring Software"，是BIM应用的基础，也是在BIM应用过程中碰到的第一类BIM软件，简称"BIM建模软件"。BIM核心建模软件产品的出品公司主要有美国的Autodesk和Bentley、英国的Gery Technology、芬兰的Tekla以及匈牙利的Graphisoft/Nemetschek AG公司等。

（1）Autodesk-Revit Architecture等。

Autodesk公司的Revit系列占据了最大的市场份额且是行业领跑者，其产品包括Revit Architecture（建筑）、Revit Structure（结构）、Revit MEP（机电管道）等。Revit采用全面创新的BIM概念，可进行自由形状建模和多数化设计，并且还能够对早期设计进行分析，借助这些功能可以自由绘制草图，快速创建三维形状，交互处理各个形状，可以利用内置的工具进行复杂形状的概念澄清，为建造和施工准备模型。随着设计的持续推进，软件能够围绕最复杂的形状自动构建参数化框架，提供更高的创建控制能力、精确性和灵活性。从概念模型到施工文档的整个设计流程都在一个直观环境中完成。Revit还能将其他概念设计软件、建模软件等导出的DXF文件格式的模型或图纸输出为BIM模型。

（2）Bentley-Bentley Architecture等。

Bentley公司继开发出MicroStation TriForma这一专业的三维建筑模型制作软件后，于

2004年后陆续推出了Bentley Architecture（建筑）、Bentley Structural（结构）、Bentley Power-Civil（场地建模）Bentley OpenRoads Designer（公路市政）、Bentley OpenBridge Designer（桥梁）、Bentley Generative Components（设计复杂几何造型）、Bentley Interference Manager（碰撞检查）等系列软件，Bentley公司还提供了支持多用户、多项目的管理平台Bentley ProjectWise。

Bentley公司的产品大多集直觉式用户体验交互界面、概念及方案设计功能、灵活便捷的二维/三维工作流建模及制图工具、宽泛的数据组及标准组件库定制技术于一身，可针对建设项目的整个生命周期提供设计、工程管理、分析、施工与运营之间的无缝集成。目前在一些大型复杂的建设项目、基础设施和工业项目中应用广泛。

（3）Graphisoft/Nemetscheck AG-ArchiCAD。

ArchiCAD历史悠久，至今仍被应用，其基于全三维的模型设计，拥有强大的施工图设计、参数计算等自动生成功能。它还具有便捷的方案演示和图形渲染功能，为用户提供了无与伦比的"所见即所得"的图形设计工具。ArchiCAD与一系列软件均具有互用性，包括利用Maxon创建曲面和制作动画模拟，利用ArchiFM进行设备管理，利用Sketchup创建模型等。ArchiCAD拥有开放的架构并支持IFC标准，它可以轻松地与多种软件连接并协同工作。ArchiCAD与一系列能耗与可持续发展软件都有互用接口，如Ecotect、Energy+、ARCHIPHISIK及RIUSKA等，且ArchicAD包含了广泛的对象库供用户使用。

（4）Gery Technology-Digital Project。

Dassault公司开发的CATIA软件是在全球被广泛应用的针对航空航天、汽车等大型机械设计制造领域的建模平台，Digital Projeet是Gery Technology公司基于CATIA软件为工程建设项目定做开发的应用软件（二次开发软件）。它能设计任何几何造型的模型，支持导入特制的复杂参数模型构件，并且支持强大的应用程序接口，对于建立了本国建筑业建设工程项目编码体系的国家，它可以直接导入建设工程项目编码，方便工程预算。

（5）TeklaCorp.-Tekla Structure；Xsteel。

Tekla Structures是Tekla公司出品的钢结构详图设计软件，其功能包括三维实体结构模型与结构分析完全整合、三维钢结构细部设计、三维钢筋混凝土设计、专案管理、自动Shop Drawing、BOM表自动产生系统。Xsteel是Tekla公司最早开发的基于BIM技术的施工软件，于20世纪90年代面世并迅速成长为世界范围内被广泛应用的钢结构深化设计软件。

（三）BIM建模软件的选择

建模软件是BIM实施中最重要的资源和应用条件，无论是项目BIM应用还是企业BIM实施，选择好BIM建模软件都是第一步重要工作。不同时期、不同项目由于软件的技术特点、应用环境以及专业服务水平不同，选用BIM建模软件也有很大的差异，而软件投入又是一项投资大、技术性强、主观难以判断的工作，因此在选用软件上应采取相应的方法和程序，以保证软件的选用符合项目或企业的需要。具体建模软件进行分析和评估，一般要经过初选、测试及评价、审核批准及正式使用等阶段。

1. 初选

初选应考虑的因素主要包括：
（1）建模软件是否符合企业的整体发展战略规划；
（2）建模软件对企业业务带来的收益可能产生的影响；
（3）建模软件部署实施的成本和投资回报率估算；
（4）企业内部设计专业人员接受的意愿和学习难度等。
在此基础上，形成建模软件的选择分析报告。

2. 测试及评价

由信息管理部门负责并召集相关专业参与，在分析报告的基础上选定部分建模软件进行使用测试，测试的过程包括：
（1）建模软件的性能测试，通常由信息部门的专业人员负责；
（2）建模软件的功能测试，通常由设计专业人员进行；
（3）有条件的企业可选择试点项目进行全面测试，以保证测试的完整性和可靠性。
在上述测试工作基础上，形成BIM应用软件的测试报告和备选软件方案。
在测试过程中，评价指标包括：
（1）功能性——是否适合企业自身的业务需求，与现有资源的兼容情况比较；
（2）可靠性——软件系统的稳定性及在业内的成熟度的比较；
（3）易用性——从易于理解、易于学习、易于操作等方面进行比较；
（4）效率——资源利用率等的比较；
（5）维护性——对软件系统是否易于维护、故障分析、配置变更是否方便等方面进行比较；
（6）可扩展性——应适应企业未来的发展战略规划；
（7）服务能力——软件厂家的服务质量、技术能力等。

3. 审核批准及正式应用

由信息管理部门负责，将BIM软件分析报告、测试报告、备选软件方案一并上报给决策部门审核批准，经批准后列入企业的应用工具集，并全面部署。

4. BIM软件定制开发

有条件的企业，可结合自身业务及项目特点，注重建模软件功能定制开发，提升建模软件的有效性。

四、常见的BIM工具软件

BIM工具软件是BIM软件的重要组成部分，常见的BIM工具软件分类如图2-2所示。
BIM常用工具软件举例如表2-1所示。

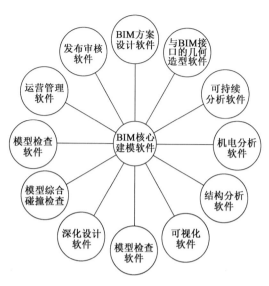

图 2-2　BIM 工具软件分类

BIM 软件分类及具体软件举例　　　　　　　　　　　　　　　表 2-1

BIM 软件分类	常见 BIM 工具软件举例	功能
方案设计软件	Onuma Planning System Affiniry	把业主设计任务书里面基于数字的项目要求转化为基于几何形体的建筑方案
与 BIM 接口的几何造型软件	Sketchup、Rhino、FormZ	其成果可以作为 BIM 核心建模软件的输入
可持续(绿色)分析软件	Eehotect、IES、Green Building Studio、PKPM	利用 BIM 模型的信息对项目进行日照、风环境、热工、噪声等方面的分析
机电分析软件	Designmaster、IES、Vlrtual Environment Trane Trace	—
结构分析软件	ETABS、STAAD、Robot PKPM	结构分析软件和 BIM 核心建模软件两者之间可以实现双向信息交换
可视化软件	3Ds Max、Artlantis、AccuRender、Lightscape	减少建模工作量,提高精度与设计(实物)的吻合度,可快速产生可视化效果
二维绘图软件	AutoCAD、Microstation	配合现阶段 BIM 软件的直接输出还不能满足市场对施工图的要求
发布审核软件	Autodesk Design Review、Adobe PDF、Adobe 3D PDF	把 BIM 成果发布成静态或轻型的成果,供参与方进行审核或利用
模型检查软件	Solihri Model Checker	用来检查模型本身的质量和完整性
深化设计软件	Xsteel、Autodesk Navisworks、Bentley ProjectWise、Navigat-Or、Solibri Model Checker	检查冲突与碰撞,模拟分析施工过程评估建造是否可行,优化施工进度,三维漫游等
造价管理软件	Innovaya、Solibri、鲁班软件	利用 BIM 模型提供的信息进行工程量统计和造价分析

续上表

BIM 软件分类	常见 BIM 工具软件举例	功能
协同平台软件	Bentley ProjectWise、FTP Sites	将项目全寿命周期中的所有信息进行集中、有效的管理,提升工作效率及生产力
运营管理软件	ArchiBUS	提高工作场所利用率,建立空间使用标准和基准,建立和谐的内部关系,减少纷争

五、BIM 硬件配置

BIM 模型携带的信息数据庞大,因此在 BIM 实施硬件配置上具有严格的要求。根据不同用途和方向并结合项目需求和成本控制,对硬件配置进行分级设置,最大限度地保证硬件设备在 BIM 实施过程中的正常运转,最大限度地有效控制成本。

另外,项目实施过程中 BIM 模型信息和数据具有动态性和可共享性,因此在保障硬件配置满足要求的基础上,还应根据工程实际情况搭建 BIM Server 系统,方便现场管理人员和 BIM 实施团队进行模型的共享和信息传递。通过在项目部和 BIM 中心各自搭建服务器,以 BIM 中心的服务器作为主服务器,通过广域网将多台服务器进行互联,然后分别给项目部和 BIM 中心建立模型的计算机进行授权,就可以随时将自己修改的模型上传到服务器上,实现模型的异地共享,确保模型的实时更新。

模型信息创建、数据存储管理和数据信息共享这三个阶段对硬件资源配置一般有如下要求:

(一)模型信息创建阶段

模型信息创建阶段是 BIM 技术应用的初始阶段,主要是指 BIM 技术应用人员根据设计要求在计算机上采用相应软件建立 BIM 模型,同时将项目相关信息数据录入相应模型及构件。故在此阶段对操作计算机的硬件要求较高,具体计算机配置要求如表2-2 所示。

BIM 应用计算机硬件配置 表2-2

计算机硬件	参考参数
CPU	推荐拥有二级或三级高速缓冲存储器的 CPU,推荐多核处理器,可以提高 CPU 的运行效率,在同时运行多个程序时速度更快,即便软件本身不支持多线程工作,采用多核也能在一定程度上优化其工作表现
内存	BIM 系统所需内存的大小应最少是项目内存的 20 倍,由于目前大部分使用 BIM 的项目规模都比较大,一般推荐采用不低于 8GB 的内存
显卡	BIM 设计涉及庞大的图形处理,集成式显卡运行时需占用系统内存,应避免使用集成式显卡。独立显卡具有专用的显存,显示效果和运行性能更好,目前 BIM 设计工作使用的独立显卡一般显存容量不应小于 2GB
硬盘	硬盘的转速和容量虽然对计算机系统数据交换具有一定影响,但其对 BIM 软件工作表现的提升影响不明显。为确保计算机操作系统顺利运转,一般硬盘容量不应小于 500GB

不同软件对硬件的要求也有所差异,软件厂商一般会有推荐的硬件配置要求,但从项目应用 BIM 的角度出发,需要考虑的不仅是单个软件产品的配置要求,还需要考虑项目的大小、复杂程度、BIM 的应用目标、团队应用程度、工作方式等。

(二)数据存储管理阶段

在模型数据创建完成后,BIM 中心和项目部应配置相应设备,将项目各专业模型及信息进行管理及存储,同时也包括对项目实施各阶段不断录入的数据进行保存,具体配置可参考如下:

(1)配置多台 UPS(Uninterruptible Power Supply,不间断电源);
(2)配置多台图形工作站;
(3)配置多台 NAS(Network Attached Storage,网络附属存储设备),一般容量不低于10TB。

(三)数据信息共享阶段

BIM 技术的应用是对模型信息的动态协同管理和应用,故需在项目与 BIM 中心之间建立相应的网络系统,以实现数据信息共享,具体配置可参考表2-3。

BIM 应用网络服务配置　　　　表2-3

部门	配置	说明
项目部	数据库服务器	提供数据查询、更新、事务管理、索引、高速缓存、查询优化、安全及多用户存取控制等服务
	文件服务器	向数据服务器提供文件
	Web 服务器	将整个系统发布到网络上,使用户可以通过浏览器访问系统
	数据网关服务器	在网络层以上实现网络互连
BIM 中心	数据网关服务器	在网络层以上实现网络互连
	BIM 基础软件服务器	与 Revit Architecture、Bentley ProjectWise 等配合使用的服务器,它为 BIM 设计项目实现基于服务器的工作共享奠定基础。工作共享的项目是一个可供多个团队成员同时访问和修改的建筑信息模型

第三节　BIM 在路桥建设全生命周期的应用

BIM 技术在路桥建设的全生命周期中都具有重要的作用,包括设计阶段、施工阶段、运营及维护阶段,它能有效协调和管理路桥施工全过程,为施工过程带来全新的方法和机制。BIM 在项目交付后仍然有重要的应用价值。业主可以利用 BIM 来管理路桥建设项目的运营和维护信息,包括桥涵等构造物维护记录、空间利用情况等。BIM 可以帮助业主更好地管理路桥建设项目的运营成本和维护质量。

一、BIM 在设计阶段的应用

目前,关于各类路桥工程相关的 CAD 软件及建设类专业分析软件的应用都已相当成熟,这也为我国近年来路桥工程领域的快速发展提供了强有力支撑。BIM 的核心理念是信息共享与协同工作,路桥工程建设领域对于 BIM 的应用,可以促进工程生命期内各种信息源的高效集成和有效共享。

信息集成(Information Integration)技术是伴随着计算机技术的发展应运而生的,是把不同来源、格式、特点和性质的数据在逻辑上或物理上有机地集中,从而为企业提供全面的信息共享,通常包含数据的集成、整合、融合、组合等含义。基于信息共享技术,可以使更多的人更充分地使用已有数据资源,避免资料收集、数据采集等重复劳动并降低相应费用。信息共享技术是协同工作能够正常进行的前提。

协同工作是路桥行业技术更新的一个重要方向。协同设计(Cooperative Design,CD)能够将不同专业的工作有效紧密地连接在一起,不仅可以减少专业间的矛盾,还可以提高设计效率,更重要的是缩短项目设计时长,最终降低设计的整体成本。目前路桥协同设计主要有两大方向:一是适合于大型交通建筑、复杂桥梁结构的三维 BIM 协同,二是适用于普通、简单道路及桥梁的二维 CAD 协同。通过协同设计,建立统一的设计标准,包括图层、颜色、线形、打印样式等。利用协同技术,设计人员可在统一平台完成设计的相关工作,避免各专业间的信息交流不畅导致的设计中的错、漏、缺等现象,特别是在工程建设早期阶段具有重要意义。协同设计平台可以实现所有图纸信息元的单一性,一张图纸一处变动则其他图纸对应部分自动修改,大大提升设计工作效率和设计图纸质量。同时,协同设计进度管理、设计文件统一管理、人员负荷管理、审批流程管理、自动批量打印、分类归档等也都趋于规范化。

(一)方案设计阶段的 BIM 应用

1. 场地分析

路桥工程规划设计时需要结合调研结果对沿途地形条件进行详细梳理和检查,同时完成沿途地形模型的创建工作。场地分析主要包括自然地形和路桥工程环境两方面。路桥与场地的关系需要充分考虑工程施工过程中对现有场地条件的充分利用,以及是否对周围环境进行改造。运用 BIM 技术平台结合 GIS 及相关分析软件可以对复杂的地形设计条件进行系统的判断、整理、分析,从而找出主要关注点。

完成设计场地的分析后,设计人员要对建设项目的占地面积、功能要求、建造模式、可行性等方面进行深入分析,确定设计的基本框架,包括平面基本布局、体量关系模型、道路和桥梁在沿途中的方位走向、桥梁结构形式、空间布局、交通走向、与周围环境的关系以及对当地文化的解读等内容。

与传统设计过程中的总平面设计相比,应用 BIM 技术进行路桥场地分析具有直观的三维表现形式,而且可以把功能、形式、环境三者紧密联系在一起,使得路桥和场地的配合更为有机,方案的产生更具逻辑性。

2. 深化体量模型

如何将路桥设计方案与当地风土人情融为一体是设计人员需要重点考虑的因素之一。对概念模型进一步的深化,包括如何尽可能实现其对周围的环境产生积极的影响。而进一步深化体量模型将会直接影响到建设成本、设计过程的复杂程度、建设周期等一些重要因素。有了体量模型,就可从体量模型自动创建道路和桥梁的基础构件,快速完成平、纵、横组合设计,进而形成可以体现设计思想的较为完整的概念设计方案,供设计人员与业主进行深入沟通。这一阶段设计人员可以提供多个概念设计方案供业主比较、选择。

3. 功能空间与构件组织

在完成概念体量设计并确定基本的结构形式后,设计人员就要按照项目任务书的要求进行平面流线设计,并对功能空间及控制工程进行详细的组织。

流线是道路和桥梁设计的骨架,它将各个功能单元有机地串联在一起,包括水平流线系统及垂直流线系统。设计人员通过对交通流线的组织,展示了各功能空间的组织逻辑,使人们对交通整体有更直观的感受。

4. 详图设计

详图中包含桥梁模型和道路的基本图元,它是由模型平面、纵断面、横断面等视图剖解或索引而创建的。由于详图是以模型视图为基础所创建,和其他基本视图存在很强的内部联系,所以具有双向关联修改的特点,这样可以有效提高详图的设计质量及工作效率。

5. 其他分析

强大的模型分析功能是BIM在方案设计阶段的重要应用之一。模型分析贯穿概念设计到施工图设计的全过程。设计阶段早期涉及的分析包括环境分析、概念体块分析、造价分析、结构分析、施工方法分析、新材料的使用分析及其他一些设计技术层面的分析,这些分析并不是强制性的,而是设计人员在追求更高质量的设计方案中进行对比、评估的重要途径。随着设计的深入,对设计模型的路桥性能分析、能耗分析、工程量分析、结构完整性分析、碰撞检测分析、交通流分析等都将对优化路桥工程设计起到至关重要的作用。

(二)可行性研究阶段的BIM应用

可行性研究阶段以方案设计模型为基础,利用GIS、大数据、云计算等技术对设计方案进行规划符合性分析、交通影响分析、服务人口分析、景观效果分析、环境影响分析、征地拆迁分析及地质适宜性分析等,选择最优设计方案,并以设计方案为依据进行相关区域的规划控制管理。可行性研究的主要工作是分析路桥设计方案的运营功能、工程规模、工程投资等,验证工程项目可行性、落实外部条件、稳定线路、优化设计方案等,保证设计方案的合理性、适用性和经济性。

可行性研究阶段BIM应用主要包括以下内容:

1. 规划符合性分析

依据BIM数据集成与管理平台所建立的交通线(网)方案设计模型,综合考虑路桥工程与周边环境建(构)筑物的位置关系、交通接驳关系、商业一体化开发关系等,达到路桥工程设计与城市、周边规划协同的目的。

2. 交通影响分析

合理划分路桥项目的交通影响区域,将影响范围内的人口分布、用地性质等信息接入交通线(网)方案设计模型,快速统计交通影响区域内的交通出行相关参数,用于交通需求的预测分析。

3. 景观效果分析

利用BIM数据集成与管理平台集成交通线(网)方案设计模型,模拟交通线路及周边环境,分析交通建(构)筑物、设施与周边环境结合后的景观效果是否满足要求。

4. 环境影响分析

利用BIM数据集成与管理平台集成交通线(网)方案设计模型和环境污染影响分析软件输出的数据,在三维场景中展示环境影响的传播范围,统计分析交通运行环境影响区域内的影响建筑(数量、面积、产权单位、用途等)、人员(数量、职业等)等信息。

5. 征地拆迁分析

在场地模型中集成城市用地规划、建(构)筑物产权单位、建设年代、建筑面积、城市人口分布等信息,利用BIM数据集成与管理平台分析设计方案需要拆迁的建(构)筑物的数量、面积、产权单位和拆迁成本等。

6. 地质适宜性分析

利用BIM数据集成与管理平台集成交通线(网)方案设计模型,分析设计方案中线路穿越的地层、地下水和不良地质情况,提高方案分析和调整的效率。

7. 规划控制管理

利用BIM数据集成与管理平台集成交通线(网)方案设计模型和城市控(详)规信息,建立包含完整环境模型信息的数字城区,进行设计方案审查、规划控制,实现整个规划的动态管理。

8. 投资估算分析

工程项目决策的重要依据是投资估算。投资估算的过程就是依据所收集的数据和相关资料,通过相应的方法,综合考虑各方面因素,对项目投资数额进行估计。投资估算的费用包含从项目筹建到竣工整个过程中所投入的全部内容,涉及多个方面,导致投资估算极为复杂。在整个施工过程中影响数据准确性及不确定性的因素较多,投资估算结果的准确性也有待商榷,项目投资的风险性增加,因此如何精确地估算项目投资显得尤为重要。

为提高投资估算的准确性,利用BIM技术所构建的模型具备数据可运算的特点,从工程项目整体出发,完整统计该项目从设计到完工全过程所需构件的数量和价格。这样在提高投资估算工作效率的同时,也提高了预估工程项目造价的准确性。除此之外,随着BIM技术的不断发展,还可利用企业数据库中现有的BIM模型,通过将历史工程模型与报建项目工程进行各方面的比对,实现在历史工程模型上稍作适当改进,即可完成该拟建工程的投资估算工作,使工程项目的投资估算依据更加真实、准确。另外,BIM技术的信息更新作用,可以使相关人员更快、更及时地掌握市场材料的信息,从而更加准确地计算出所需材料费用,为投资估算的准确性奠定坚实基础。

(三) 初步设计阶段的 BIM 应用

初步设计阶段可以利用 BIM 对路桥设计方案或重大技术问题的解决方案进行综合分析，协调设计接口，稳定主要外部条件，论证技术上的适用性、可靠性和经济上的合理性。

初步设计阶段可以通过初步设计模型对路桥建筑设计方案、结构施工方案、专项风险工程、交通影响范围和疏解方案、管线影响范围和迁改方案进行可视化沟通、交流、讨论和决策。

1. 可视化

基于 BIM 技术的三维可视化特性，可以帮助设计者将设计方案的效果图清晰展现，实时检视设计成果。基于 BIM 的三维可视化，可以真实地展现路桥内部的体量关系、构建组成，在设计过程便捷性、实施性以及动态性等方面具有突出优势。通过初步建立的设计模型进行展示，分析设计方案中路桥与周边环境的空间关系、交通网络布局等因素，可以查找冲突位置与冲突点，对方案做进一步的优化。

2. 控制因素分析

依据初步设计的工程模型分析交通线路与周边环境的协调性以及环境影响因素，形成控制因素报告及模拟视频，直观展示路桥工程穿越的风险工程、涉及的一体化开发工程等控制因素，并对其对路桥工程的制约程度进行进一步分析。

3. 组织方案分析

利用初步设计模型模拟交通流、展示交通组织方案等，直观、清晰地模拟分析组织方案，形成交通组织方案告及模拟视频，实现交通组织方案的高效决策，为方案讨论、宣传、公示等活动提供有力支撑。

4. 设计方案比选分析

建立比选设计方案模型，对各方案的可行性、功能性等方面进行分析，形成相应的设计方案比选报告，选择最优设计方案。

5. 交通疏解管线改迁

利用初步设计模型分阶段模拟并优化管线迁改和道路疏解方案，通过模拟视频清晰展示交通疏解、管线改迁方案随进度计划实时变化的状况，反映各施工阶段存在的重点难点，检查并优化方案，辅助工程筹划。

(四) 施工图设计 BIM 应用

利用 BIM 技术可以对路桥工程施工图设计阶段的设计方案进行综合模拟检查，包括优化方案中的技术措施、工艺做法、使用材料等，在初步设计的基础上辅助编制可供施工和安装阶段使用的设计文件。

施工图设计阶段可以利用模型开展设计进度和质量管理、限界优化设计、管线碰撞检查、三管线综合、预留预埋检查及工程量统计等方面的应用，提高设计质量。

1. 限界设计

利用施工图设计模型,开展限界与土建、设备的碰撞检查,辅助车辆限界、设备限界和建筑限界设计,提高设计质量。

2. 碰撞检查

碰撞检查是指利用施工图设计模型检测各专业之间或专业内部的设施设备空间布置是否碰撞、是否满足特定间距要求,形成碰撞分析报告,辅助优化设计。

路桥与相关专业设计实际尺寸及其空间位置关系可在三维立体空间内直观展示,通过仔细分析协调管线间及各专业间矛盾,及时采取合理的优化管控措施,尽可能避免管线间及管线与邻近构件间产生的相互干扰,合理排布管线在设计阶段中的平面走向、立体交叉时的空间布局及协调设施之间的建设时序。

3. 管线综合

管线工程是路桥工程中的重要组成部分。路桥区域中各专业工程竖向高程和平面位置相协调的工作即为管线综合。在设计环节中,需要设计人员充分利用现状管线的设计资料和物探资料来科学规划各种管线的类别、半径及其走向等相关设计参数。运用 BIM 技术中的三维模拟可视化技术,可以最大程度模拟管线施工完毕后的实际排布情况,方便相关设计人员对管线施工后的情况进行科学合理的规划。运用计算机在真实空间内对各系统进行预装配模拟,能够直观调整、细化、优化管线走向及各类设备排布,从而达到模拟可视化、优化设计和缩短工期、提高工程质量的目的。

4. 预留预埋

在传统的路桥施工过程中,预留和预埋孔道的错位、遗漏等是施工过程中经常遇到的问题。根据管线综合后的施工图设计模型梳理路桥结构以及二次结构的孔洞预留和预埋件布置,提供预留孔洞图纸(应包含形状、尺寸、位置等信息)和预埋件布置图纸(应包含类型、规格、位置等信息),实现预留孔洞和预埋件的预先检查,有效规避工期延误风险和质量隐患。

借助 BIM 技术,可以大幅度避免预留孔洞的错位及遗漏问题。精确定位管线的预留孔洞,最大限度地减少后期施工的难度。利用"设计-分析-模拟"一体化设计思路,将实际的工程状态动态表达,对管道设计情况进行多方面、多专业角度分析,将模拟出实际的分析结果,并在此基础上完成决策调整,最终达到缩短该路桥工程设计工期的目的。

5. 辅助工程算量

通过建立路桥模型,可以对路桥的材料费用、施工进度以及各项成本进行综合分析规划,分析其调整的可行性。利用模型还可以及时统计各种路桥构件,确保相关路桥设计过程中工程量统计的准确性。通过合理运用工程量计算软件,可以自动统计获得路桥实体的工程量,并得到最终的路桥工程量清单,以便更好地进行工程预结算等各项相关工作。例如,通过基于 BIM 技术的算量软件应用,可以对路桥工程量进行一键识别和快速计算,为材料采购方提供必要的数据支持且方便快捷。通过 BIM 技术的合理应用,可以有效缩短路桥工程造价估算时间,降低预算外变更的概率。

二、BIM 在施工阶段的应用

BIM 的真正价值是在施工和运维阶段,利用数字化管理与实时监控等手段,模拟项目进度、物资消耗等,为关键节点的施工、计划、商务等环节提供合理精确的数据,从而节约时间和成本,提高施工管理效率。BIM 可以充分发挥三维可视化、四维时间、五维成本的特征,实现施工过程的精细化管理。通过 BIM 模型对工程量、进度、预算等关键信息进行整合,再关联图纸、物料、合同、安全等信息,综合后进行施工模拟。在实际的路桥施工过程中,BIM 技术还可做到实时指导、提前预测并解决下一阶段可能出现的问题,通过 BIM 的信息共享平台,提前获悉相关施工工艺、安全隐患等,帮助工人做好工作准备,减少后期问题的产生。另外,还可以简化施工现场管理,提高现场管理人员的效率。路桥工程施工阶段依据 BIM 模型,可以汇总施工阶段的各类信息,按照需要调取相关数据。对路桥施工各阶段展开虚拟建造,在施工进度模拟的基础上进行有关的成本预算、资源计划、建材运输等,并对比实际与计划间的进度、成本偏差,以便及时调整与优化后期计划,对道路桥梁施工进行优化。BIM 技术应用下的道路桥梁施工优化过程如图 2-3 所示。

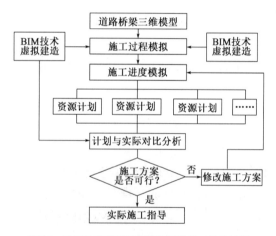

图 2-3　BIM 技术应用下的道路桥梁施工优化过程

(一)施工准备中的 BIM 应用

1. 管线深化设计

管线深化设计是路桥工程施工中的重点及难点。管线综合专业 BIM 设计空间关系复杂,内外安装要求高。为使各系统的使用功能效果达到最佳、整体排布更美观,工程管线综合深化设计是重要、关键的一环。其深化设计流程为:制作专业精准模型→综合链接模型→碰撞检测→分析和修改碰撞点→数据集成→最终完成内装的 BIM 模型。基于 BIM 的管线深化设计能够通过各专业工程师与设计人员的分工合作解决与优化设计中存在问题,迅速对接、核对、相互补位、提醒,反馈信息和整合到位。利用该模型虚拟结合已完成的真实空间,动态观察并综合业态要求,推演空间结构和施工效果,并依据管线综合施工工艺质量验收标准调整模型,在施工前期即有有效解决设备管道空间问题的办法,避免在施工阶段发生冲突而造成不必要的浪费,有效提高施工质量,加快施工进度,节约成本。路桥工程的综合管线深化设计流程如图2-4所示。

图2-4 综合管线深化设计流程

在大型复杂的路桥工程设计中,设备管线的布置由于系统繁多,经常出现管线之间或管线与结构之间发生碰撞的情况,造成施工的麻烦,引起返工或浪费以及其他安全疑虑。

在大型复杂的路桥工程设计中,采用BIM技术进行管线深化设计有着重要的意义,BIM模型可对整个管线系统设计进行一次"预演",建模过程同时也是一次全面的三维校正过程,过程中发现大量隐藏的设计问题,这些问题往往不涉及设计规范,属于空间高度上的冲突,这在传统二维管线综合设计中很难发现。其具体优势表现如下:

(1)BIM模型将对整合的结果进行全面检查,考虑模型应该是系统间的冲突和高度上的碰撞,模型均按真实尺寸建立。

(2)全方位的BIM模型可在任意位置切剖大样及形成观测图,观测并调整该处管线的高度。

(3)BIM模型可全面检测发现管线之间、管线与结构之间的所有碰撞问题,并及时通知设计人员进行设计调整。

(4)对管线高程精准定位,同时直观反映桥梁的净高分布状态,轻易发现影响净高的瓶颈位置,优化设计,精确掌握高度。

(5)BIM模型集成各种设备管线信息,可产生精确的明细表,减少了手工算料的误差。

(6)利用高度仿真的建筑信息模型,能够有效加强设备专业设计团队之间,以及与其他工程师之间的沟通交流协作,加强对设备管线的合理布置,通过实时的可视化优势,改善与客户的沟通并更快做出合理改变,达到最终的目标。

(7)三维制图软件建立的管线综合模型可以与由其他软件建立的路桥结构模型开展无缝协作。在模型的任何一处进行变更,三维制图软件均可在整个设计和文档集中自动更新所有相关内容。

2. 关键复杂节点模拟

关键复杂节点模拟即利用深化设计模型对路桥施工中的复杂施工工艺、特殊结构、存在交叉密集专业施工及突出施工风险的工程关键点进行施工工序模拟,生成模拟视频,利用模型和模拟视频进行三维可视化交底,提高施工质量,减少返工。复杂节点的实施是缺乏大量经验作为支撑的,如果没有科学的管理,实际施工过程中的质量和安全问题就无法保证。路桥工程施工中复杂节点处的预制构件、现浇构件的施工顺序也会影响整体施工。复杂节点具有不同的构造要求,面临不同的施工方案,节点的顺利施工离不开全过程的项目管理。在传统施工过程中,施工管理大部分依靠项目经理和项目施工人员的个人工作经验,遇到问题后通常由项目经理临时做出决策。

例如,在路桥工程的钢筋混凝土结构中,框架梁、柱相交位置的钢筋排布十分密集,钢结构与钢筋混凝土结构的结合给施工带来严峻的挑战,因此对节点的深化设计有了更高的要求。引入BIM技术后,将方案调整的时间节点调整在了施工前,利用BIM技术的可视化、可出图性的优势,解决二维图纸对复杂节点和异形空间部位无法准确表达的问题,有效协助设计方和施工方进行深化设计和辅助施工。

对比传统深化过程和BIM技术深化过程:从图形的角度,传统设计中一个复杂节点需要多张平面图来表达,而BIM三维模型可以将所有的结构细节完整直观地表现出来;从信息的角度,一张图纸调整后,其他关联图纸都要同步调整,而BIM的参数化建模使得模型能够同步更新,方便修改和调整,具有联动性;从施工的角度,二维图纸深化无法清晰表达钢筋的搭接方式和排布方式,无法确定节点施工的实际情况,而三维模型可以准确定位钢筋的位置,准确预留孔洞,模拟钢筋的连接等内容。

3. 工筹模拟

工筹模拟即工程筹划模拟,指通过深化设计模型对施工场地布置、周边环境及构筑物改迁、施工方案及施工资源配置进行动态模拟,优化施工方案,保证工程筹划的合理性。

(二)施工过程中的BIM应用

1. 施工组织模拟

基于BIM技术对施工进度可实现精确计划、跟踪和控制,动态地分配各种施工资源和场地,实时跟踪工程项目的实际进度,并通过计划进度与实际进度进行比较,及时分析偏差对工期的影响程度以及产生的原因,采取有效措施,实现对项目进度的控制。在路桥工程施工组织中构建BIM的四维虚拟模型,清晰直观地展现动态模拟过程,形象直观地动态模拟施工阶段过程和重要环节施工工艺,将多种施工及工艺方案的可实施性进行比较,为最终方案优选决策提供支持,将多种施工方案进行可实施性比选,选择出最优施工方案。采用动态跟踪可视化施工组织设计(四维虚拟建造),对设备、材料到货情况进行有效预警,同时通过进度管理,将现场实际进度完成情况反馈回"BIM信息模型管理系统"中,与计划进行对比、分析并纠正偏差,实现施工进度的有效控制管理。

2. 进度管理

路桥工程施工的进度管理是指对工程项目各施工阶段的工作内容、工作程序、持续时间和逻辑关系制定计划,并将该计划付诸实施。最新的BIM技术为解决路桥工程施工进度的动态化管理提供了一个良好的技术支持和应用平台。在工程项目实施过程中需要考虑项目进度。一旦出现偏差需及时分析原因,并组织相关项目负责部门沟通讨论有效的应对措施,协调整个工程进度计划,保证项目能够按时竣工,完成交付工作,确保各个阶段进度目标的实现。路桥施工监理所进行的进度管理是指为使工程按计划要求的时间进行而开展的有关监督管理活动。

BIM技术的引入,可以突破二维的限制,给工程进度管理带来更优的体验,主要体现在以下几个方面:

（1）提升全过程协同效率。基于三维的 BIM 沟通语言，简单易懂、可视化好，大大提高了沟通效率，减少了理解不一致的情况。

（2）加快设计进度。从目前 BIM 在设计工作中的应用情况来看，对既有设计进度有所延缓。这主要是由于现阶段设计用的 BIM 软件适用性不强以及设计师使用效率不高造成的。虽然使用 BIM 设计可能增加了时间，但路桥工程的设计交付成果质量却有明显提升，可以在施工以前解决许多重要问题，有效减少了施工阶段的问题，这对总体进度而言是极为有利的。

（3）碰撞检测，减少变更和返工进度损失。目前路桥工程建设机制中的设计阶段与施工阶段很难相互融合，大量的专业冲突拖延了工程进度，大量工程返工的同时，也造成了巨大的材料、人工浪费，导致施工单位在施工过程中出现各式各样的问题。BIM 技术具有强大的碰撞检查功能，有利于减少施工进度过程中的浪费。而且当前 BIM 系统可以完成项目的实时跟进，发现问题并及时迅速解决，避免不必要的问题拖延及影响项目整体进度。

（4）加快招投标组织工作。通过基于 BIM 技术的算量软件系统，能够显著加快计算速度，提高准确性，加快招标阶段的准备工作，并且提升招标工程量清单的质量。

（5）加快生产计划、采购计划编制。工程中经常因生产计划、采购计划编制缓慢延误了进度。急需的材料、设备不能按时进场，造成窝工影响了工期。BIM 则可以随时随地获取准确数据，缩短了制定生产计划、采购计划的用时，加快了进度，同时提高了计划的准确性。

（6）加快竣工交付资料准备。基于 BIM 的工程实施方法，过程中所有资料可随时挂接到工程 BIM 数字模型中，竣工资料在竣工时即已形成。

（7）提升项目决策效率。传统的工程实施中，经常由于大量决策依据、数据不能及时完整地提交出来，导致决策延迟、决策失误，造成工期损失。BIM 形成工程项目的多维度结构化数据库，几乎可以实现实时的数据分析整理，提供科学有效的决策支持。BIM 技术通过模拟施工整个施工流程，也就是通过四维模型，对计划的制定和执行具有重要的指导意义。

3. 质量管理

BIM 技术的引入不仅提供了一种"可视化"的管理模式，也能够充分发掘传统技术的潜在能量，使其更充分、有效地为工程项目质量管理工作服务。BIM 技术下的三维质量控制与传统质量控制的优缺点对比如表 2-4 所示。

三维质量控制与传统质量控制的优缺点对比　　　　表 2-4

传统二维质量控制缺陷	三维质量控制优点
手工整合图纸，凭经验判断，难以全面分析	计算机自动在各专业间进行全面检验，精确度高
均为局部调整，存在顾此失彼情况	在任意位置剖切大样及轴测图大样，观察并调整该处管线高程关系
高程多为原则性确定的相对位置，大量管线没有精确确定高程	轻松发现影响净高的瓶颈位置
通过"平面 + 局部剖面"的方式，对于多管交叉的复制部位表达不够充分	在综合模型中直观地表达碰撞检测结果

此外，通过 BIM 模型与先进技术、工具相结合的方式（例如激光测绘技术、射频识别技术、数码摄像探头等），可以对现场施工作业进行追踪、记录、分析，第一时间掌握现场施工动作，

及时发现潜在的不确定因素,避免不良后果的出现,监控施工质量。

在项目质量管理中,除常规管理方法之外,还可通过 BIM 技术进行数字建模,模拟实际的施工过程并存储庞大的项目信息。除了可以使标准操作流程"可视化"外,还能够做到对用到的物料和构件需求的产品质量等信息随时随地查询,可以作为对项目质量问题校核的依据。对于不符合规范要求的,则可根据 BIM 模型中的信息提出整改意见。

4. 安全风险管理

路桥工程安全风险管理是企业的命脉,同时也是生产管理的重要组成部分。安全管理的对象是生产中一切人、物、环境的状态管理与控制。安全管理是一种动态管理。安全管理主要是组织实施企业安全管理规划、指导、检查和决策。在路桥工程中,安全风险管理即以深化设计模型为基础,根据施工安全风险管理体系增加风险监测点模型和风险工程等信息,建立安全风险管理模型,利用 BIM 数据集成与管理平台建立环境模型与安全风险监测数据的关联关系,实现对施工安全风险的可视化动态管理。

BIM 技术应用于路桥工程安全管理,相对于传统的安全管理方式,具有很多优势。

(1)基于 BIM 的管理模式是创建信息、管理信息、共享信息的数字化方式,基于 BIM 的项目管理,工程基础数据如量、价等,准确、透明、共享,能完全实现短周期、全过程对资金安全的控制。

(2)基于 BIM 技术,可以提供施工合同、支付凭证、施工变更等工程附件管理,并对成本测算、招投标、签证管理支付等全过程造价进行管理。

(3)BIM 数据模型保证了各项目的数据动态调整,可以方便统计追溯各个项目的现金流和资金状况。

(4)BIM 技术通过模拟施工过程、分析受力结构,在施工前发现施工阶段存在的安全隐患,并逐一修改,提前制定应对措施,避免施工安全事故发生,实现"事前控制"。

(5)采用 BIM 技术,可实现虚拟现实和资产空间等管理、建筑系统分析等技术内容,从而便于运营维护阶段的管理应用。

5. 成本管理

以深化设计模型为基础,根据清单规范和消耗量定额要求创建成本管理模型,通过计算合同预算成本,结合进度安排定期进行三算对比、纠偏、成本核算、成本分析工作,可根据实际进度和质量验收情况,统计已完成工程量信息,推送相关数据,输出报表等,辅助验工计价工作。

基于 BIM 技术的成本控制具有快速、准确、分析能力强等很多优势,具体表现为:

(1)快速。传统成本控制往往是基于二维图纸进行施工算量,这样做不但工作量大,而且速度慢,反应也不及时,通过对原有的 BIM 三维模型加入时间和成本两个维度之后,可以形成一个数据信息丰富、与工程关联度极为敏感的基于 BIM 的五维实际成本数据库,汇总分析能力显著加强,能够快速导出分析报表,快速及时做出成本调整,短周期成本分析不再困难,工作量小、效率高。

(2)准确。成本数据动态维护,准确性大为提高。通过总量统计的方法,消除累积误差,成本数据随进度准确度逐渐增高。数据精度达到构件级,可以快速提供支撑项目各条线管理所需的数据信息,有效提升施工管理效率。

(3)精细。通过实际成本BIM模型,很容易检查出哪些项目还没有实际成本数据,监督各成本实时盘点,提供实际有效数据。

(4)分析能力强。传统的成本控制与分析都是基于二维工作模式,缺乏更多维度的相关数据及信息,而且基于人工的分析能力有限,分析数据不全面,缺少有力数据作支撑。通过BIM技术建立BIM五维模型之后,可以多维度[时间、空间、工作分解结构(WBS)等]汇总分析更多种类、更多统计分析条件的成本报表,直观地确定不同时间点的资金需求,模拟并优化资金筹措和使用分配,实现投资资金财务收益最大化。

(5)提升企业成本控制能力。将实际成本BIM模型通过互联网集中在企业中心服务器,企业成本部门、财务部门可共享每个工程项目的实际成本数据,实现总部与项目部的信息对称,总部成本管控能力大为加强。

三、BIM在工程运维阶段的应用

路桥的运维管理是路桥全生命周期管理中至关重要的一个环节。传统路桥运维管理过程存在如下显著问题:

(1)运维时间跨度大、桥梁构件繁多复杂。设计施工运维均由不同单位各自负责,设计和施工信息无法高效及时地交互到运维阶段,导致问题分析滞后。

(2)路桥监测只是将人工巡检与结构监测结合,人工巡检通过肉眼识别或相应设备检测,结构监测主要依靠传感器实现。过程中仅通过手动方式将运维监测信息记录在纸质文档上,未达到信息集成的目的。此类运维管理流程处理海量运维数据时问题较多,包括工作烦琐、效率低下、出错概率较高。

(3)传统运维管理无法实现可视化,不能直观地在三维视图中显示问题所出部位,无法对构件设备进行实时定位,且不能将桥梁监测中薄弱环节可视化。此外,运维人员无法将监测信息集成,导致对桥梁健康发展演变的预测存在很大弊端,后期在对重点监测对象做决策时,需对结构构件进行传感器监测和逐一人工巡检,工作量大,费时费力。

基于BIM技术的路桥工程运维管理具有以下优点:

(1)BIM技术在运维中引入,极大地满足了基本需求,实现了设计、施工和运维的信息共享,提高了全生命周期信息的准确性和连贯性,并为各方提供便捷的管理平台,提高了运维管理效率。

(2)基于BIM的运维可实现可视化监测,能将人工巡检的监测信息与结构软件监测的信息及其他监测信息集中在桥梁BIM运维模型中,直接对桥梁健康发展演变进行预测。将桥梁监测中薄弱环节可视化,明确重点监测对象。

(3)BIM可实现桥梁可视化信息交互、信息资源动态可视化与工程变更同步可视化,有利于设计、施工及运维单位的协同建设和管理。

(一)设施信息管理

BIM可以作为一个全面的设施信息管理工具,帮助运维团队管理和整合建筑物的各种信息。通过建立一个精确的数字模型,包括建筑结构、设备、管道、电力系统等,BIM可以提供一个统一的平台,将所有相关信息整合在一起。这使得设施管理人员可以轻松地查看和管理建筑物的各个方面,包括设备的技术规格、维修记录、保养计划等。

(二)设备维护管理

BIM模型不仅可以提供设备的详细信息,还可以与运维管理软件集成,帮助运维团队更好地管理设备和计划维护活动。通过将BIM模型与运维管理软件相连接,设施管理人员可以直接从模型中获取设备的运行状态和维护需求,并及时制订维护计划。这可以大大提高设备维护的效率,减少突发故障的发生,并延长设备的使用寿命。

(三)故障排除和问题解决

BIM模型不仅可以提供桥涵等构造物的结构信息,还可以包含设备和系统的运行数据。设施管理人员可以利用BIM模型来模拟建筑物在不同环境条件下的性能和能源消耗,从而帮助他们识别和解决问题。

(四)设施优化和节能管理

BIM模型可以帮助设施管理人员优化设施的运行效率,并制定相应的节能策略。通过模拟建筑物在不同环境条件下的性能,设施管理人员可以评估不同的设备和系统配置对能源效率的影响,并做出相应的决策。这可以帮助他们降低能源消耗,减少运营成本,并提高设施的可持续性。

(五)可视化和沟通

BIM模型可以与虚拟现实(VR)或增强现实(AR)技术结合,帮助设施管理人员以更直观的方式展示和沟通建筑物的各个方面。通过将BIM模型投影到虚拟现实环境中,设施管理人员可以实时查看设施的状态,并进行相关操作。这种可视化和沟通方式可以帮助设施管理人员更好地与利益相关者交流和共享信息,提高工作效率和准确性。

第三章 BIM技术政策和标准

本章主要介绍了目前国内外BIM技术相关政策和标准。第一节对国内外的BIM政策进行了介绍;第二节对主要国家标准、行业标准、地方标准、团体标准、企业标准以及国外标准进行了介绍;最后对国内BIM有关职业标准进行了介绍。

第一节 BIM技术政策

一、国内BIM政策

(一)国家政策

近年来,建筑信息模型技术在我国得到大力推广。本节按照时间顺序梳理2011—2023年国内BIM有关支持政策。

2011年5月,住房和城乡建设部印发《2011—2015年建筑业信息化发展纲要》(建质〔2011〕67号)。该文件明确"十二五"期间,基本实现建筑企业信息系统的普及应用,加快建筑信息模型(BIM)、基于网络的协同工作等新技术在工程中的应用,推动信息化标准建设,促进具有自主知识产权软件的产业化,形成一批信息技术应用达到国际先进水平的建筑企业。

2014年7月,住房和城乡建设部印发《关于推进建筑业发展和改革的若干意见》(建市〔2014〕92号)。该文件明确积极推动以节能环保为特征的绿色建造技术的应用。推进建筑信息模型(BIM)等信息技术在工程设计、施工和运行维护全过程的应用,提高综合效益。

2015年6月,住房和城乡建设部印发《关于推进建筑信息模型应用指导意见的通知》(建质函〔2015〕159号),明确在建筑领域普及和深化BIM应用,提高工程项目全生命期各参与方的工作质量和效率,保障工程建设优质、安全、环保、节能。该文件明确了发展目标:到2020年底,建筑行业甲级勘察、设计单位以及特级、一级房屋建筑工程施工企业应掌握并实现BIM与企业管理系统和其他信息技术的一体化集成应用。以国有资金投资为主的大中型建筑以及申报绿色建筑的公共建筑和绿色生态示范小区新立项项目勘察设计、施工、运营维护中,集成应用BIM的项目比率达到90%。

2017年1月,交通运输部办公厅印发《推进智慧交通发展行动计划(2017—2020年)》。该文件明确,在基础设施智能化方面,推进建筑信息模型(BIM)技术在重大交通基础设施项目规划、设计、建设、施工、运营、检测维护管理全生命周期的应用,基础设施建设和管理水平大幅度提升。

2017年2月,国务院办公厅印发《关于促进建筑业持续健康发展的意见》(国办发〔2017〕19号)。该文件明确加快推进建筑信息模型技术在规划、勘察、设计、施工和运营维护全过程的集成应用。

2017年8月,住房和城乡建设部印发《住房城乡建设科技创新"十三五"专项规划》(建科〔2017〕166号)。该文件明确普及和深化BIM应用,发展施工机器人、智能施工装备、3D打印施工装备,探索工程建造全过程的虚拟仿真和数值计算。

2017年12月,交通运输部办公厅印发《关于推进公路水运工程BIM技术应用的指导意见》(交办公路〔2017〕205号)。该文件明确,推进BIM技术在公路水运工程建设管理中的应用,加强项目信息全过程整合,实现公路水运工程全生命周期管理信息畅通传递,促进设计、施工、养护和运营管理协调发展,提升公路水运工程品质和投资效益。

2020年7月,住房和城乡建设部、交通运输部等13部门联合印发《关于推动智能建造与建筑工业化协同发展的指导意见》(建市〔2020〕60号)。该文件明确,加快推动新一代信息技术与建筑工业化技术协同发展,在建造全过程加大建筑信息模型(BIM)、互联网、物联网、大数据、云计算、移动通信、人工智能、区块链等新技术的集成与创新应用。

2021年2月,中共中央、国务院印发《国家综合立体交通网规划纲要》。该文件明确,加快各领域建筑信息模型技术自主创新应用。

2022年1月,住房和城乡建设部印发《"十四五"建筑业发展规划》。该文件明确,加快推进建筑信息模型(BIM)技术在工程全生命周期的集成应用,健全数据交互和安全标准,强化设计、生产、施工各环节数字化协同,推动工程建设全过程数字化成果交付和应用。

2022年1月,交通运输部印发《公路"十四五"发展规划》。该文件明确,建设智慧公路。推动建筑信息模型、路网感知网络与公路基础设施同步规划建设,加快公路基础设施数字化改造,推进公路基础设施全要素、全周期数字化转型发展,加强重点基础设施关键信息的主动安全预警。

2022年1月,交通运输部、科学技术部联合印发《交通领域科技创新中长期发展规划纲要(2021—2035年)》(交科技发〔2022〕11号)。该文件明确,加强在役基础设施智慧维养技术研究。开发基于建筑信息模型(BIM)和北斗的交通基础设施智慧管养系统,建立基础信息大数据平台,全面推广预防性养护技术。

2022年3月,住房和城乡建设部印发《"十四五"住房和城乡建设科技发展规划》。该文件明确以支撑建筑业数字化转型发展为目标,研究BIM与新一代信息技术融合应用的理论、方法和支撑体系,研究工程项目数据资源标准体系和建设项目智能化审查、审批关键技术,研发自主可控的BIM图形平台、建模软件和应用软件,开发工程项目全生命周期数字化管理平台。

2022年4月,交通运输部、科学技术部联合印发《"十四五"交通领域科技创新规划》(交科技发〔2022〕31号)。该文件明确,推动交通基础设施智能化设计技术研发,推广应用建筑信息模型（BIM）和地理信息系统（GIS）技术，提升基础设施性能参数可溯源和可监控性。

2022年6月，住房和城乡建设部、国家发展改革委联合印发《城乡建设领域碳达峰实施方案》（建标准〔2022〕53号）。该文件明确，构建绿色低碳转型发展模式；利用建筑信息模型（BIM）技术和城市信息模型（CIM）平台等，推动数字建筑、数字孪生城市建设，加快城乡建设数字化转型。大力发展节能服务产业，推广合同能源管理，探索节能咨询、诊断、设计、融资、改造、托管等"一站式"综合服务模式。

2023年2月，中共中央、国务院印发《质量强国建设纲要》。该文件明确，加大先进建造技术前瞻性研究力度和研发投入，加快建筑信息模型等数字化技术研发和集成应用，创新开展工程建设工法研发、评审、推广。

2023年9月，交通运输部印发《关于推进公路数字化转型加快智慧公路建设发展的意见》（交公路发〔2023〕131号）。该文件明确，利用BIM+GIS技术实现数据信息集成管理，优化勘察测绘流程，推广"云+端"公路勘察测绘新模式；鼓励设计单位建立基于BIM的正向设计流程和协同设计平台，实现三维协同设计、自动生成工程量清单、参数化设计和复杂工程三维模拟分析，通过精细化、智能化设计提高设计效率、降低工程造价。自2024年6月起，新开工国家高速公路项目原则上应提交BIM设计成果，鼓励其他项目应用BIM设计技术；促进BIM设计成果向施工传递并转化为施工应用系统，通过数字化模拟施工工艺、优化施工组织。鼓励研发公路智能化施工装备，推进各类装备编码和通信协议标准化，依托BIM模型实现装备间数据交换、施工数据采集、自动化控制等，提高加工精度和效率，逐步实现工程信息模型与工程实体同步验收交付等。

（二）地方政策

近年来，建筑信息模型技术在地方得到大力推广。本书梳理了最新的BIM有关支持政策，见表3-1，供学习者参考。

部分BIM相关地方支持政策一览表　　　表3-1

序号	省（区、市）	发布部门	发布时间	文件名称	BIM相关内容
1	北京市	北京市住建委、交通委等12部门	2023年6月27日	北京市推动智能建造与新型建筑工业化协同发展的实施方案（京建发〔2023〕197号）	（1）研发具有自主知识产权的BIM底层平台软件、系统性软件与数据平台、集成建造平台。（2）推动建筑信息模型（BIM）等新技术在建造全过程的集成与创新应用。开展基于正向BIM技术应用。持续开展BIM应用示范工程建设。鼓励建设单位建立基于BIM与其他信息技术集成的协同工作平台。（3）开展基于BIM等新一代信息技术的招投标、造价、竣工联合验收及危大工程管理研究与实践

续上表

序号	省(区、市)	发布部门	发布时间	文件名称	BIM 相关内容
2	天津市	天津市住建委	2019年2月3日	关于印发推进我市建筑信息模型(BIM)技术应用指导意见的通知(津住建设〔2019〕2号)	普及和深化 BIM 技术应用,提高工程项目全生命周期各参与方的工作质量和效率,实现建筑业向信息化、工业化转型升级;到2020年末,以国有资金投资为主的大中型建筑、申报绿色建筑的公共建筑和绿色生态示范小区的新立项项目勘察设计、施工、运营维护中,集成应用 BIM 的项目比率达到90%
3	河北省	河北省住建厅	2021年11月1日	河北省新型建筑工业化"十四五"规划(冀建节科〔2021〕4号)	开展 BIM 技术应用示范工作,加快推进 BIM 技术在新型建筑工业化全生命周期的一体化集成应用,实现设计、采购、生产、建造、交付、运行维护等阶段的信息互联互通和交互共享。充分利用社会资源,推动建设基于 BIM 技术的标准化部品部件库。加大 BIM 技术推广应用政策研究,将 BIM 技术集成运用作为骨干企业和专精特新企业基础条件,对于应用 BIM 技术增加的成本,合理纳入工程造价;推动具备条件的建筑企业建立以建筑信息模型(BIM)为基础的数字化中心(实验室);支持具有自主知识产权的 BIM 底层平台软件、建筑信息模型(BIM)与城市信息模型(CIM)的数据接入等技术的研发
4	山西省	山西省住建厅	2023年4月8日	关于全面推动绿色建筑发展的通知(晋建科规字〔2023〕73号)	装配式建筑等绿色建筑项目应当应用建筑信息模型(BIM)技术;促进装配式建造技术、建筑信息模型(BIM)技术、可再生能源应用等与绿色建筑的深度融合,推动绿色建筑高质量发展;推动建筑信息模型(BIM)技术全生命周期应用
5	内蒙古自治区	内蒙古自治区办公厅	2021年9月3日	关于促进新型建筑工业化绿色发展的实施意见(内政办发〔2021〕41号)	2023年起,自治区范围内投资额在1亿元以上或者单体建筑面积2万 m^2 以上,技术复杂、管理协同要求高、国有资金投资的房屋建筑和市政工程建筑项目,全部采用 BIM 技术

续上表

序号	省(区、市)	发布部门	发布时间	文件名称	BIM相关内容
6	辽宁省	大连市住建局	2023年6月12日	关于全面推进大连市建筑信息模型(BIM)技术应用的通知(大住建发〔2023〕82号)	2023年9月1日起,政府投资中型以上新建房屋建筑及市政基础设施工程、企业投资单体建筑面积2万m^2以上的新建大型公共建筑、地下空间1万m^2以上的新建地下工程(地库),应实施BIM技术应用
7	吉林省	吉林省住建厅	2022年10月21日	关于推进勘察设计行业高质量发展的指导意见(吉建办〔2022〕66号)	装配式建筑、单体建筑面积2万m^2以上的大型公共建筑及大型市政基础设施工程,应采用BIM技术进行设计和施工。在投标方案中,对于采用BIM正向设计的加1分,实现设计施工一模到底的加2分
8	黑龙江省	黑龙江省办公厅	2021年12月31日	黑龙江省"十四五"综合交通运输体系发展规划	推动BIM+GIS技术在设计、施工、养护、运营全生命周期中的应用,推进重大交通基础设施健康状态监测和风险预警系统建设,推动"互联网+"智慧工地的研究与试点
9	上海市	上海市办公厅	2022年6月12日	上海市数字经济发展"十四五"规划	加快城市新型基础设施建设,支撑城市迈向全场景智慧时代。发展数字孪生城市新形态,重点推广BIM(建筑信息模型)、GIS(地理信息系统)等技术
10	江苏省	江苏省办公厅	2021年8月16日	江苏省"十四五"城镇住房发展规划(苏政办发〔2021〕50号)	加大智能建造在工程建设各环节应用,加快推动建筑信息模型(BIM)和新一代信息技术的集成与创新应用,形成涵盖科研、设计、生产加工、施工装配、运营等全产业链融合一体的智能建造产业体系;运用GIS、BIM、互联网技术,实现各类保障性住房规划建设、分配使用和各类保障对象准入、退出的智慧监管
11	浙江省	浙江省办公厅	2021年3月31日	关于推动浙江建筑业改革创新高质量发展的实施意见(浙政办发〔2021〕19号)	建筑信息模型(BIM)、物联网、大数据、云计算、智能建造等数字技术全面应用于建筑产业,数字化应用能力进一步提升。智慧工地覆盖率达到100%;鼓励政府投资新建公共建筑项目以及市政桥梁、轨道交通、交通枢纽等,推行BIM技术和专项咨询服务模式

续上表

序号	省(区、市)	发布部门	发布时间	文件名称	BIM相关内容
12	安徽省	合肥市城建局	2021年12月21日	关于进一步推进合肥市建筑信息模型应用工作的通知(合建设〔2021〕24号)	2023年1月1日起,全市范围内大型公共建筑、二星级及以上绿色建筑、装配式建筑、综合管廊、轨道交通、城市互通立交等新建工程项目全面应用BIM技术
13	福建省	福建省住建厅	2022年3月22日	关于开展智慧工地建设试点的通知(闽建办建〔2022〕4号)	在工程场地布置及管理、施工方案与工艺模拟、施工进度管理、工程质量与安全管理等环节应用BIM技术进行智能化管控
14	江西省	江西省住建厅	2017年6月26日	江西省推进建筑信息模型(BIM)技术应用工作的指导意见(赣建科〔2017〕13号)	在建筑领域普及和深化BIM应用,提高工程项目全生命周期各参与方的工作质量和效率;到2020年末,以下新立项项目勘察设计、施工、运营维护中,集成应用BIM的项目比率达到90%:以国有资金投资为主的大中型建筑;申报绿色建筑的公共建筑和绿色生态示范小区
15	山东省	山东省住建厅、财政厅	2022年4月8日	关于进一步加强施工图设计文件审查工作的指导意见(鲁建设字〔2022〕3号)	提升数字化审查能力。积极探索新技术应用,鼓励审查机构开展BIM(建筑信息模型)、AI(人工智能)审图
16	河南省	河南省交通运输厅	2023年5月16日	2023年河南省数字交通重点工作任务 责任目标分解的通知(豫交科技函〔2023〕7号)	深化BIM、GIS、物联网等技术在跨黄河、淮河等公路特大桥梁、南水北调桥的设计、施工应用,构建一体化建设管理信息化平台。推进沿黄高速武陟至济源段沁河特大桥等工程建设,在规划、设计、建造、养护、运营管理过程中积极应用BIM、GIS、北斗等信息技术建立数字化模型
17	湖北省	湖北省住建厅	2022年3月31日	关于促进全省工程勘察设计行业高质量发展发布若干措施(鄂建文〔2022〕9号)	在工程总承包、全过程工程咨询、智能建造、BIM、CIM应用等领域,打造一批新型企业或企业集团
18	湖南省	湖南省人民政府办公厅	2016年1月14日	关于开展建筑信息模型应用工作的指导意见(湘政办发〔2016〕7号)	普及和深化BIM技术在城乡建设领域全产业链的应用;2020年底,建立完善的BIM技术的政策法规、标准体系,90%以上的新建项目采用BIM技术,设计、施工、房地产开发、咨询服务、运维管理等企业全面普及BIM技术,应用和管理水平进入全国先进行列

续上表

序号	省(区、市)	发布部门	发布时间	文件名称	BIM相关内容
19	广东省	广东省住建厅、交通运输厅等15部门	2022年1月12日	关于推动智能建造与建筑工业化协同发展的实施意见(粤建市〔2021〕234号)	(一)推行工程建设全过程BIM技术应用。鼓励研发自主可控的BIM技术,加快构建数字设计基础平台和集成系统,实现设计、生产、施工协同。(二)建立基于BIM的标准化部品部件库。(三)提升应用BIM虚拟化施工水平,推进BIM+5G等技术在施工现场的应用,实现数字技术与现场监管的深度融合。(四)鼓励开展装配式建筑、BIM等技术应用培训,加快智能建造人才培养
20	广西壮族自治区	广西壮族自治区住建厅	2020年8月31日	广西壮族自治区绿色建筑创建行动方案(桂建科〔2020〕8号)	积极探索5G、物联网、BIM、装配式、低能耗、智能化等技术在工程建设领域的创新和集成应用,推动绿色建造与新技术融合发展
21	海南省	海南省住建厅	2021年12月30日	海南省住房和城乡建设事业"十四五"规划	积极探索推进自主可控BIM软件与CIM平台集成创新应用,提供数据底座基础并赋能行业多元应用,逐步支撑服务城市规划建设运行管理。在工程总承包项目中推进全过程BIM技术应用,促进技术与管理、设计与施工深度融合。加快推动BIM技术在工程全生命期的集成应用。探索推进BIM审查和人工智能审查
22	重庆市	重庆市政府办公厅	2023年7月10日	重庆市智能建造试点城市建设实施方案的通知(渝府办发〔2023〕53号)	深化BIM技术在项目设计、招投标、生产、施工、运维等全过程应用,推动BIM协同设计和建筑性能数字化模拟等技术应用,建立行业通用的部品部件、机电设备等BIM模型数据库,试行"一模到底"及数字化产品交付。发展倾斜摄影、三维激光扫描等逆向建模技术。支持智能建造试点项目采用设计牵头的工程总承包(EPC)模式及基于BIM技术的全过程工程咨询模式。将BIM技术、物联网技术应用等费用计入工程投资

续上表

序号	省(区、市)	发布部门	发布时间	文件名称	BIM相关内容
23	四川省	四川省住建厅等6部门	2022年1月21日	加快转变建筑业发展方式推动建筑强省建设工作方案(川建行规〔2022〕1号)	到2025年，甲级建筑设计单位以及特级、一级建筑施工企业基本具备建筑信息模型(BIM)技术应用能力
24	贵州省	贵州省住建厅	2017年3月21日	贵州省关于推进建筑信息模型(BIM)技术应用的指导意见(黔建设通〔2017〕100号)	将BIM技术作为培育和发展工程建设领域新技术、新产业、新业态的重要技术保障，通过普及和深化BIM技术应用，实现工程建设行业工业化和信息化的融合发展，为我省新型城镇化、智慧城市、绿色贵州的建设奠定坚实基础
25	西藏自治区	西藏自治区住建厅	2022年3月30日	关于落实建设单位工程质量首要责任的实施意见(藏建质安〔2022〕152号)	鼓励和支持建设项目绿色施工，积极推广应用"智慧化"工地，推动建筑信息模型(BIM)、大数据、云计算、物联网、人工智能、区块链等技术在项目建设过程中的集成应用
26	陕西省	陕西省住建厅、交通运输厅等17部门	2021年2月25日	关于推动智能建造与新型建筑工业化协同发展的实施意见(陕建发〔2021〕1016号)	(一)围绕设计、采购、生产、施工、装修、运营维护等全生命周期，加大增材制造、物联网、区块链、BIM、CIM、5G等新技术在建造全过程的集成应用，提高建筑产业链资源配置效率和智能建造水平。(二)推广BIM技术在新型建筑工业化中的应用，提升综合设计能力
27	甘肃省	甘肃省交通运输厅	2022年5月7日	甘肃省数字交通建设行动方案(甘交科技〔2022〕7号)	推进BIM支撑平台建设，开展工程项目三维可视化、信息化综合管理，打通各个业务之间、各个参与单位之间数据联系，提供交互展示、资源管理、运维管理、应用开发等多元BIM服务，支持定制化开发。推进交通基础设施智能化养护管理，依托BIM+GIS可视化平台，提升重点设施结构灾害、机电故障、预防性养护等监测、预警及管理效能

续上表

序号	省(区、市)	发布部门	发布时间	文件名称	BIM 相关内容
28	青海省	青海省住建厅	2022年2月25日	2022年青海省勘察设计工作要点(青建设〔2022〕39号)	通过开展BIM推广应用、团体标准研究等活动,促进企业改革发展和品牌创建,助推企业科技创新
29	宁夏回族自治区	宁夏回族自治区住建厅	2023年2月1日	关于推行建筑信息模型(BIM)技术应用的通知[宁建(消)发〔2023〕3号]	在全区建设领域全面推行建筑信息模型(BIM)技术应用,到2023年底实现BIM模型城建档案归档
30	新疆维吾尔自治区	新疆维吾尔自治区住建厅	2022年3月20日	关于推进自治区建筑信息模型(BIM)应用工作的实施意见	(一)开展BIM技术应用研究。 (二)建立标准体系。 (三)建立基于BIM的技术监管和服务体系。 (四)强化BIM技术在工程建设全过程应用能力建设。 (五)建立和完善个人能力认定标准和机制

二、国外 BIM 政策

(一)美国政策

1. 美国 3D-4D-BIM 计划

早在2003年,GSA(美国总务管理局)为了提高建筑领域的生产效率,支持建筑行业信息化水平的提升,推出了国家3D-4D-BIM计划,在GSA的实际项目中挑选BIM试点项目,探索和验证BIM应用的模式、规则、流程等一整套全建筑生命周期的解决方案。

2. 美国威斯康星州政策

2009年7月,威斯康星州成为美国第一个要求州内新建大型公共建筑项目使用BIM的州。威斯康星州有关部门发布实施规则要求,从2009年7月开始,州内预算在500万美元以上的公共建筑项目都必须从设计开始就应用BIM技术。

(二)英国政策

1. 英国政府建筑业 2025 战略

英国政府2013年发布"英国建筑业2025战略",旨在政府和全行业共同努力下,从培养人才、智慧建设、可持续发展、经济增长、引领行业五方面提出发展愿景,实现保持并不断提升英国建造业在全球建筑市场的竞争力的目标。该战略的一个创新之处是成立了建设领导委员会。该委员会成员横跨政府官员、企业领导者和学术专家,工作主题主要包括三个方面:①在工作方式数字化方面,通过提升 BIM 在建筑业中的应用程度,达到更好的工作效果;②增加装配式建筑的比例和建筑构件异地制造的比例,以提高生产率、质量和安全性;③促进使用新一代智能技术,使其能够帮助建筑企业从新资产和现有资产中获得更多收益。

2. 政府建设战略

2011 年,英国政府内阁办公厅(Cabinet Office)发布了《政府建设战略》(Government Construction Strategy),该文件明确要求,到 2016 年,全面协同 3D BIM,并将全部的文件以信息化管理,以开启一个全新的、更为高效的协同工作模式。

2016 年 3 月,英国政府内阁办公厅继续发布新版的《政府建设战略 2016—2020》(Government Construction Strategy 2016—2020)。该文件在上一版的基础上,进一步提出提升政府作为建造客户的能力、增强数字技术(包括 BIM)应用、开展协同采购、在建造和运营维护公共建筑和基础设施的成本控制和温室气体减排中推行全生命周期方法等主要目标。

3. 英国 BIM 3 级战略计划

英国政府于 2015 年进一步提出"英国数字建筑战略"(DBB,Digital Built Britain),即 BIM3 级战略计划。它规划了 BIM3 级将如何改变全球建筑业的工作和运营方式,旨在通过 BIM 的广泛深入应用,创建创新性的数字化建筑业,将建筑业打造成整体视野开阔、具有包容性和高附加值的行业。

(三)欧洲政策

欧洲提出《BIM 行动计划 2020》,要求成员国在 2020 年底前采用 BIM 作为公共基础设施和大型建筑项目的基本标准,并提出了一系列推广和培训措施,以提高 BIM 的应用和普及度。

(四)澳大利亚政策

澳大利亚提出《国家 BIM 战略 2020—2022》,致力于推动 BIM 技术在澳大利亚建筑和工程行业的广泛应用,以提高效率、降低成本和促进可持续发展。

第二节 BIM 相关标准

本节按照国家标准、行业标准、地方标准、团体标准、企业标准和职业标准来进行介绍。

一、国家标准

本部分对《建筑信息模型应用统一标准》(GB/T 51212—2016)、《建筑信息模型施工应用标准》(GB/T 51235—2017)、《建筑信息模型分类和编码标准》(GB/T 51269—2017)、《建筑信息模型设计交付标准》(GB/T 51301—2018)等主要国家标准进行梳理,供学习者参考,见表3-2。

部分相关国家标准一览表　　　　　表 3-2

序号	名称	编号	发布部门	实施时间	主要内容	适用范围
1	建筑信息模型应用统一标准	GB/T 51212—2016	住房和城乡建设部、国家质量监督检验检疫总局	2017年7月1日	本标准的主要技术内容:1 总则;2 术语和缩略语;3 基本规定;4 模型结构与扩展;5 数据互用;6 模型应用	本标准适用于建设工程全生命期内建筑信息模型的创建使用和管理
2	建筑信息模型施工应用标准	GB/T 51235—2017	住房和城乡建设部、国家质量监督检验检疫总局	2018年1月1日	本标准的主要技术内容:1 总则;2 术语;3 基本规定;4 施工模型;5 深化设计;6 施工模拟;7 预制加工;8 进度管理;9 预算与成本管理;10 质量与安全管理;11 施工监理;12 竣工验收	本标准适用于施工阶段建筑信息模型的创建、使用和管理
3	建筑信息模型分类和编码标准	GB/T 51269—2017	住房和城乡建设部、国家质量监督检验检疫总局	2018年5月1日	本标准的主要技术内容:1 总则;2 术语;3 基本规定;4 应用方法	本标准适用于民用建筑及通用工业厂房建筑信息模型中信息的分类和编码
4	建筑信息模型设计交付标准	GB/T 51301—2018	住房和城乡建设部、国家市场监督管理总局	2019年6月1日	本标准的主要技术内容:1 总则;2 术语;3 基本规定;4 交付准备;5 交付物;6 交付协同	本标准适用于建筑工程设计中应用建筑信息模型建立和交付设计信息,以及各参与方之间和参与方内部信息传递
5	建筑信息模型存储标准	GB/T 51447—2021	住房和城乡建设部、国家市场监督管理总局	2022年2月1日	本标准的主要技术内容:1 总则;2 术语与缩略语;3 基本数据框架;4 核心层数据模式;5 共享层数据模式;6 专业领域层数据模式;7 资源层数据模式;8 数据存储与交换	本标准适用于建筑工程全生命期各个阶段的建筑信息模型数据的存储,并适用于建筑信息模型应用软件输入和输出数据通用格式及一致性的验证
6	制造工业工程设计信息模型应用标准	GB/T 51362—2019	住房和城乡建设部、国家市场监督管理总局	2019年10月1日	本标准的主要技术内容:1 总则;2 术语与代号;3 模型分类;4 工程设计特征信息;5 模型设计深度;6 模型成品交付;7 数据安全等	本标准适用于制造工业新建、扩建、改建、技术改造和拆除工程项目中的设计信息模型应用

二、行业标准

(一) 行业标准一览表

本部分对公路、水运、铁路、民航、房建等领域部分 BIM 行业标准进行梳理,供学习者参考,见表 3-3。

部分 BIM 相关行业标准一览表　　　　表 3-3

序号	名称	编号	发布部门	施行时间	主要内容	适用范围
1	公路工程信息模型应用统一标准	JTG/T 2420—2021	交通运输部	2021年6月1日	本标准包括7章和2个附录,分别是:1总则;2术语;3基本规定;4模型架构;5分类编码;6数据存储;7交付;附录A分类编码;附录B数据存储	本标准适用于公路工程设计、施工和运维等阶段,涵盖路线、路基路面、桥涵、隧道、交通工程及沿线设施等专业
2	公路工程设计信息模型应用标准	JTG/T 2421—2021	交通运输部	2021年6月1日	本标准包括7章和10个附录,分别是:1总则;2术语;3基本规定;4模型要求;5协同设计;6应用;7交付;附录A模型精细度;附录B项目;附录C路线;附录D路基;附录E路面;附录F桥梁;附录G涵洞;附录H隧道;附录J交通工程及沿线设施;附录K地形地质	本标准适用于初步设计、技术设计和施工图设计阶段,涵盖路线、路基路面、桥涵、隧道、交通工程及沿线设施等专业
3	公路工程施工信息模型应用标准	JTG/T 2422—2021	交通运输部	2021年6月1日	本标准包括6章和3个附录,分别是:1总则;2术语;3基本规定;4模型要求;5模型应用;6交付;附录A公路工程信息模型精细度;附录B通用施工信息属性组;附录C临时工程模型精细度	本标准适用于公路工程施工阶段,涵盖路基路面、桥涵、隧道、交通工程及附属设施等专业
4	水运工程信息模型应用统一标准	JTS/T 198-1—2019	交通运输部	2019年12月31日	本标准共分9章和5个附录,并附条文说明,主要包括信息模型协同分类与编码数据交换、交付模型应用等内容	本标准适用港口工程、航道工程、通航建筑物工程和修造船水工工程等水运工程全生命期信息模型的创建、运用和管理

续上表

序号	名称	编号	发布部门	施行时间	主要内容	适用范围
5	水运工程设计信息模型应用标准	JTS/T 198-2—2019	交通运输部	2019年12月31日	本标准共分8章和5个附录,并附条文说明,主要包括设计阶段信息模型协同设计、分类与编码、存储、交付等内容	本标准适用于港口工程、航道工程、通航建筑物工程和修造船水工工程设计阶段信息模型的创建、运用和管理
6	水运工程施工信息模型应用标准	JTS/T 198-3—2019	交通运输部	2019年12月31日	本标准共分6章和3个附录,并附条文说明,主要包括施工阶段信息模型深度、信息共享、交付、分类与编码、模型应用等内容	本标准适用于港口工程、航道工程、通航建筑物工程和修造船水工工程施工阶段信息模型的创建、运用和管理
7	铁路工程信息模型统一标准	TB/T 10183—2021	国家铁路局	2021年6月1日	本标准共分7章,包括总则、术语和缩略语、基本规定、信息模型创建、信息模型应用、协同工作、信息模型交付	本标准适用于铁路建设项目信息模型技术的开发与应用
8	民用运输机场建筑信息模型应用统一标准	MH/T 5042—2020	中国民用航空局	2020年3月1日	本标准共分10章、2个附录,包括总则、术语和代号、基本规定、模型架构、命名规则、模型要求、准备要求、建设过程应用、成果移交、运维阶段应用等	本标准适用于新建、改建和扩建的民用运输机场(含军民合用运输机场的民用部分)
9	建筑工程设计信息模型制图标准	JGJ/T 448—2019	住房和城乡建设部	2019年6月1日	本标准的主要技术内容是:1 总则;2 术语;3 建筑信息模型的表达;4 三维模型计量要求;5 视图表达	本标准适用于工程设计过程中建筑信息模型的建立、传递和使用,各专业之间的协同,工程设计各参与方的协作等过程。本标准适用的建筑工程范围是各类民用建筑物、构筑物及通用工业类和基础设施类建筑物、构筑物等

(二)公路工程领域主要行业标准

本部分对《公路工程信息模型应用统一标准》(JTG/T 2420—2021)、《公路工程设计信息模型应用标准》(JTG/T 2421—2021)、《公路工程施工信息模型应用标准》(JTG/T 2422—2021)等公路行业标准,从标准背景、定位、主要内容三方面进行详细介绍。

1.《公路工程信息模型应用统一标准》(JTG/T 2420—2021)

《公路工程信息模型应用统一标准》(JTG/T 2420—2021)作为公路工程行业推荐性标准,自2021年6月1日起施行。

(1)标准背景

公路基础设施数字化是加快交通强国建设、推动智慧公路发展的主要内容和基础性工作。BIM技术在我国公路工程中的深入广泛应用,加速了公路行业的数字化发展,促进了公路设计、施工、运维技术的协调发展。为适应我国公路行业应用BIM技术的需求,推动公路工程BIM技术的良性发展和全生命期应用,进一步提升公路工程全生命期BIM技术的应用水平和数字化水平,交通运输部制定了公路工程BIM技术基础标准,确定公路设施模型架构、模型编码、数据格式等问题,规范信息模型在公路工程全生命期应用的技术要求,为下一步公路数字化打下基础。

(2)标准定位

作为公路工程全生命期BIM技术应用的基础标准,本标准旨在规范全生命期公路工程BIM技术应用的基本要求,明确各阶段模型、分类和存储等共性要求,保证公路工程各阶段模型和信息的有效共享、继承和传递。本标准适用于公路工程设计、施工和运维等阶段,涵盖路线、路基路面、桥涵、隧道、交通工程及沿线设施等专业。

(3)标准主要内容

本标准在充分总结国内外相关BIM技术标准和研究成果的基础上,从公路工程实际需求出发,制定了适合我国公路工程行业特点、有利于BIM技术发展、促进BIM技术在公路行业推广与应用的规定和要求。主要内容包括:

一是模型架构。结合我国公路工程的特点,参照公路工程分部分项,以工程实体为主要研究对象,提出由设施、子设施和构件三级构成的模型结构,涉及路线、路基路面、桥涵、隧道、交通工程及沿线设施、地形地质等内容,并给出模型结构扩展的原则和方法,保障全生命期模型层次和结构协调统一。

二是分类编码。按成果、过程、资源、属性和其他方面对信息模型进行分类与编码,提出设施、子设施、构件、工程项目阶段、专业领域、材料等8张分类表,给出编码扩展的相关规定并预留扩展空间。

三是数据存储。根据我国公路工程项目特点和数据存储要求,基于最新IFC国际标准,以模型架构和分类编码为基础,采用属性和实体相结合的扩展方法,定义路基路面、桥涵、隧道等实体,扩展内容与原标准完全兼容。数据存储结构的建立,填补了IFC国际标准中公路工程领域的空白,为不同软件之间公路工程BIM信息的共享和传递提供标准支撑。

四是模型交付。在全生命期提出初步设计(L2.0)、施工图设计(L3.0)、施工准备(L3.5)、施工过程(L4.0)、交工验收(L5.0)、运维阶段(L6.0)6种模型精细度等级,明确各阶段BIM交付成果的关系,有利于各阶段交付内容的协调一致和传递。

2.《公路工程设计信息模型应用标准》(JTG/T 2421—2021)

《公路工程设计信息模型应用标准》(JTG/T 2421—2021)作为公路工程行业推荐性标准,自2021年6月1日起施行。

(1)标准背景

公路基础设施数字化是加快交通强国建设、推动智慧公路发展的主要内容和基础性工作。BIM技术在我国公路工程中的深入广泛应用,加速了公路行业的数字化发展,促进了公路设计、施工、运维技术的协调发展。为适应我国公路行业应用BIM技术的需求,推动公路工程BIM技术的良性发展和全生命期应用,进一步提升公路工程全生命期BIM技术的应用水平和数字化水平,交通运输部制定了公路工程BIM技术基础标准,确定公路设施模型架构、模型编码、数据格式等问题,规范信息模型在公路工程全生命期应用的技术要求,为下一步公路数字化打下基础。

(2)标准定位

本标准旨在规范公路工程设计阶段BIM技术应用的基本要求,明确协同设计、模型应用和模型交付等技术要求,实现模型和信息在设计阶段的有效共享以及向施工阶段的传递。本标准适用于初步设计、技术设计和施工图设计阶段,涵盖路线、路基路面、桥涵、隧道、交通工程及沿线设施等专业。

(3)标准主要内容

本标准在充分总结国内外相关BIM技术标准和研究成果的基础上,从公路工程设计需求出发,制定了适合我国公路工程行业特点、有利于BIM技术设计阶段应用的规定和要求。主要内容包括:

一是协同设计。根据公路工程应用BIM技术要求,并结合公路工程项目特点,从协同平台选择、协同工作内容、协同设计流程等方面,规范公路工程信息模型协同设计,提出设计各阶段需要制定协同目标和实施计划,确定信息交换、校对评审等关键节点、交换的方式和内容以及协同设计流程,保障信息在各专业间的有效共享和传递。

二是模型应用。根据对众多公路工程项目的调研,从BIM技术特点和公路设计需求出发,提出可视化分析、方案比选、碰撞检查、模型出图和工程量统计5种设计阶段的典型应用,推荐在设计过程中应用BIM技术,提高设计品质。

三是模型交付。依据《公路工程信息模型应用统一标准》(JTG/T 2420—2021)的总体要求,参照《公路工程基本建设项目设计文件编制办法》,针对初步设计、技术设计和施工图设计阶段信息模型的交付成果,确定L2.0和L3.0两种不同的模型精细度等级,从交付成果组成、模型内容和深度等方面详细规定,并预留相应的扩展接口,确保信息模型交付内容和深度的一致。

3.《公路工程施工信息模型应用标准》(JTG/T 2422—2021)

《公路工程施工信息模型应用标准》(JTG/T 2422—2021)作为公路工程行业推荐性标准,自2021年6月1日起施行。

（1）标准背景

公路基础设施数字化是加快交通强国建设、推动智慧公路发展的主要内容和基础性工作。BIM技术在我国公路工程中的深入广泛应用，加速了公路行业的数字化发展，促进了公路设计、施工、运维技术的协调发展。为适应我国公路行业应用BIM技术的需求，推动公路工程BIM技术的良性发展和全生命期应用，进一步提升公路工程全生命期BIM技术的应用水平和数字化水平，交通运输部制定了公路工程BIM技术基础标准，确定公路设施模型架构、模型编码、数据格式等问题，规范信息模型在公路工程全生命期应用的技术要求，为下一步公路数字化打下基础。

（2）标准定位

本标准旨在规范公路工程施工阶段BIM技术应用的基本要求，明确模型要求、应用、交付的技术内容，实现模型和信息的有效共享、继承和传递。本标准适用于公路工程施工阶段，涵盖路基路面、桥涵、隧道、交通工程及附属设施等专业。

（3）标准主要内容

本标准在充分总结国内外相关BIM技术标准和研究成果的基础上，从公路工程实际需求出发，制定了适合我国公路工程行业特点、有利于BIM技术施工阶段应用的规定和要求。主要内容包括：

一是模型要求。对公路工程信息模型在施工阶段的应用，本标准根据公路工程建设实际划分了施工准备、施工过程和交工验收三个子阶段，分别对应模型精细度等级L3.5、L4.0和L5.0，旨在对施工实施前、中、后的信息交换需求进行明晰的规定。本标准规定的模型精细度等级属于并支撑《公路工程信息模型应用统一标准》（JTG/T 2420—2021）规定的模型精细度等级框架体系，便于全生命期内的信息交换实施。

二是模型应用。本标准涉及的模型应用场景包括施工准备、施工组织管理、施工进度管理、施工质量管理、施工安全管理、施工成本管理和计量支付管理，对模型应用的信息交换场景作了技术规定和管理要求。

三是模型交付。模型信息交付要求是沿着模型精细度等级增加，力求满足施工阶段对项目基础数据的需求，同时考虑项目基础数据便于通过结构化进行采集、集成和管理，在满足模型应用需求前提下，避免信息冗余，保证信息交付的使用效益。

三、地方标准

本部分对公路、水运、房建等领域部分省份的BIM地方标准进行梳理，方便大家学习使用，见表3-4。相关信息主要来源于地方标准信息服务平台。

部分BIM相关地方标准一览表　　表3-4

序号	名称	编号	发布部门	实施时间	主要内容	适用范围
1	建筑信息模型与工程验收资料数据交互标准	DB11/T 2031—2022	北京市住房和城乡建设委员会、北京市市场监督管理局	2023年1月1日	本标准的主要技术内容：1 总则；2 术语；3 基本规定；4 编码规则；5 建筑信息模型数据交互；6 工程验收资料数据交互；7 数据交互与管理	本标准适用于北京市行政区域内新建、改建、扩建的建筑工程的建筑信息模型与工程验收资料间的数据关联与交互

续上表

序号	名称	编号	发布部门	实施时间	主要内容	适用范围
2	民用建筑信息模型深化设计建模细度标准	DB11/T 1610—2018	北京市住房和城乡建设委员会、北京市市场监督管理局	2019年4月1日	本标准共14章,主要技术内容包括:1 总则;2 术语;3 基本规定;4 地基与基础;5 现浇混凝结构;6 装配式混凝土结构;7 砌体结构;8 钢结构;9 暖通空调;10 给水排水、消防;11 建筑电气;12 室内装饰;13 屋面工程;14 幕墙	本标准适用于北京市行政区域内民用建筑工程新建、扩建、改建项目深化设计模型的建模细度
3	公路工程建筑信息模型设计应用技术要求	DB12/T 1054—2021	天津市市场监督管理委员会	2021年6月1日	本标准规定了天津市范围内公路工程建设的信息模型设计的技术要求	本标准适用于二级及以上的新建、改扩建项目在设计阶段的信息模型技术应用
4	公路工程建设领域建筑信息模型(BIM)设计交付标准	DB14/T 2317—2021	山西省市场监督管理局	2021年12月1日	本标准规定了建筑信息模型(BIM)在山西省公路工程建设领域设计阶段所要交付的交付物及交付要求	本标准适用于山西省公路工程建设领域工可阶段、初步设计阶段和施工图设计阶段的BIM设计成果交付,涵盖路线、路基路面、桥梁、涵洞、隧道、交通工程及沿线设施等专业
5	辽宁省竣工验收建筑信息模型交付数据标准	DB21/T 3409—2021	辽宁省住房和城乡建设厅、辽宁省市场监督管理局	2021年5月30日	本标准的主要技术内容:1 总则;2 术语;3 基本规定;4 建筑信息模型技术规定;5 模型单元属性信息规定	本标准适用于辽宁省建筑工程的新建、改建和扩建项目竣工验收建筑信息模型数据的交付及相关活动
6	建筑信息模型(BIM)施工应用技术规范	DB2102/T 0071—2023	大连市市场监督管理局	2023年3月19日	本标准规定了建筑信息模型(BIM)施工应用技术规范的术语和定义、总则、基本规定、施工模型的创建与管理、深化设计、施工实施、预制加工、进度管理、预算与成本管理等BIM应用	本标准适用于建筑工程项目施工阶段创建、使用和管理建筑信息模型(BIM),其他类工程项目可参照此规范执行

续上表

序号	名称	编号	发布部门	实施时间	主要内容	适用范围
7	建筑信息模型设计应用标准	DB22/T 5120—2022	吉林省住房和城乡建设厅、吉林省市场监督管理厅	2022年8月2日	本标准的主要内容:1总则;2术语;3基本规定;4应用策划;5模型表达;6设计应用;7设计交付	本标准适用于新建、扩建和改建工程在设计阶段建筑信息模型的设计与应用
8	公路工程信息模型分类和编码规则	DB32/T 3503—2019	江苏省市场监督管理局	2019年1月30日	本标准规定了公路工程信息模型分类和编码的基本要求和应用方法	本标准适用于公路工程全生命期各阶段信息模型的分类和编码
9	公路工程建筑信息模型技术应用规程	DB34/T 4393—2023	安徽省市场监督管理局	2023年4月1日	本标准规定了公路工程建筑信息模型技术应用的基本规定、组织管理、模型创建与管理、模型仿真应用、模型数据应用、模型集成应用流程成果	本标准适用于新建、改扩建公路项目在全生命期内的建筑信息模型技术应用。已建公路项目可参照本标准规定执行
10	公路工程建筑信息模型分类和编码标准	DB34/T 3838—2021	安徽省市场监督管理局	2021年2月25日	本标准规定了建筑信息模型分类和编码的术语和定义、基本规定、应用方法、构件标识码	本标准适用于建筑信息模型中信息的分类和编码
11	公路工程建筑信息模型交付标准	DB34/T 3837—2021	安徽省市场监督管理局	2021年2月25日	本标准规定了公路工程建筑信息模型的术语和定义、基本规定、命名规则、交付物、交付要求、检查与验收	本标准适用于安徽省公路工程设计、施工和运维,涉及专业包括道路、桥梁、隧道、涵洞、绿化、声屏障、交通安全设施、交通机电和房建工程
12	桥梁工程信息模型应用技术规范	DB36/T 1616—2022	江西省市场监督管理局	2023年1月1日	本标准规定了桥梁工程信息模型应用的应用原则、信息安全、桥梁工程信息模型应用的应用阶段、可行性研究、初步设计、施工图设计、施工准备、施工、运维阶段、不同形式桥梁的BIM应用的技术要求	本标准适用于江西省新建、改建、扩建和大修的桥梁全生命周期(可行性研究、设计、施工、运维)BIM技术应用

续上表

序号	名称	编号	发布部门	实施时间	主要内容	适用范围
13	桥梁工程信息模型交付技术规范	DB36/T 1615—2022	江西省市场监督管理局	2023年1月1日	本标准规定了桥梁工程信息模型交付的技术规范	本标准适用于江西省新建、改建、扩建和大修的桥梁全生命周期BIM技术应用
14	公路工程信息模型设计阶段应用指南	DB41/T 2143—2021	河南省市场监督管理局	2021年7月12日	本标准规定了公路工程信息模型在立项和设计阶段的模型创建、应用及交付的要求	本标准适用于公路工程可行性研究阶段、初步设计和施工图设计阶段，涵盖路线、路基、路面、桥梁、涵洞、隧道及交通安全设施等专业
15	建筑信息模型（BIM）施工应用技术规范	DB4401/T 25—2019	广州市市场监督管理局、广州市住房和城乡建设局	2019年10月1日	本标准的主要内容：1 总则；2 术语；3 基本规定；4 施工模型的创建和管理；5 深化设计；6 施工方案；7 预制加工；8 进度管理；9 工作面管理；10 预算和成本管理；11 质量与安全管理；12 验收与交付	本标准适用于指导施工阶段创建、使用和管理建筑信息模型。本规范适用于建筑工程，其余类工程项目可参照此规范执行
16	道路信息模型与城市三维模型信息交换与集成技术规范	DB50/T 1264—2022	重庆市市场监督管理局	2022年9月10日	本标准规定了道路信息模型和城市三维模型进行信息交换与集成的要求和过程，包括道路信息模型要素分类与编码、道路信息模型要素解析、空间信息交换、空间信息集成、语义信息交换和质量要求等	本标准适用于道路信息模型与城市三维模型的信息交换和集成应用
17	公路工程信息模型规程（共四部分）	DB51/T 3092—2023 ~ DB51/T 3095—2023	四川省市场监督管理局	2023年8月1日	统一技术要求 设计技术要求 养护技术要求 施工技术要求	本标准适用于各等级公路工程的新建、改扩建及在役项目，涵盖路线、路基、路面、桥涵、隧道、交通工程、机电工程等专业

四、团体标准

为方便大家学习使用，本部分对公路、水运、房建等领域部分BIM团体标准进行梳理，见表3-5。更多标准可在全国标准信息公共服务平台（https://std.samr.gov.cn/）查阅。

部分 BIM 相关团体标准一览表

表 3-5

序号	名称	编号	发布部门	施行时间	主要内容	适用范围
1	建筑信息模型设计应用标准	T/CECS 1137—2022	中国工程建设标准化协会	2023年1月1日	本标准共分7章和2附录,主要技术内容包括:总则、术语和缩略语、基本规定、创建、应用、协同、交付等	本标准适用于各类民用建筑及通用工业建筑项目设计阶段的建筑信息模型创建、使用和管理
2	建筑信息模型工程造价管理应用标准	T/CECS 1138—2022	中国工程建设标准化协会	2023年1月1日	本标准共分6章和4个附录,主要技术内容包括:总则、术语、基本规定、造价BIM创建、造价BIM建模深度、造价BIM应用等	本标准适用于民用建筑与通用工业建筑工程造价管理建筑信息模型的创建与应用
3	市政道路工程建筑信息模型设计信息交换标准	T/CECS 1194—2022	中国工程建设标准化协会	2023年4月1日	本标准共分8章和10个附录,主要技术内容包括:总则、术语、基本规定、模型交付、工程可行性研究阶段信息交换、初步设计阶段信息交换、施工图设计阶段信息交换、施工图设计深化阶段信息交换等	本标准适用于市政道路工程建筑信息模型设计信息交换
4	城市轨道交通工程信息模型 构件	T/CAMET 01007—2022	中国城市轨道交通协会	2022年6月1日	本标准规定了城市轨道交通工程信息模型在不同设计阶段构件创建的总体要求、通用构件的创建、产品构件的创建、产品构件的附件及构件交付的相关要求	本标准适用于城市轨道交通车站工程、区间工程、车辆段工程、设备系统工程、控制中心及主变电所,新建、改建、扩建项目设计中应用模型建立的构件的创建与交付
5	城市轨道交通工程信息模型 设计交付规范	T/CAMET 01006—2022	中国城市轨道交通协会	2022年6月1日	本标准规定了城市轨道交通工程信息模型在不同设计阶段的交付准备、交付物、交付协同、交付验收与归档的相关要求	本标准适用于城市轨道交通车站工程、区间工程、车辆段工程、设备系统工程、控制中心及主变电所,新建、改建、扩建设计中应用模型建立的设计信息的交付,以及各参与方之间和参与方内部的信息传递

续上表

序号	名称	编号	发布部门	施行时间	主要内容	适用范围
6	城市轨道交通工程信息模型分类及编码	T/CAMET 01003—2022	中国城市轨道交通协会	2022年6月1日	本标准规定了城市轨道交通工程信息模型的分类、信息模型编码及扩展、编码逻辑运算符号以及编码的应用等	本标准适用于城市轨道交通车站工程、区间工程、车辆段工程、设备系统工程、控制中心及主变电所,新建、改建、扩建项目,在项目全生命周期各阶段工程信息模型的分类、编码及组织
7	技术产品文件 建筑信息模型(BIM)技能等级标准	T/SCGS 311001—2019	中国图学学会	2019年8月8日	本标准以现阶段BIM技能人员所需水平和要求为目标,在充分考虑经济发展、科技进步和产业结构变化影响的基础上,对BIM技能的工作范围、技能要求和知识水平做了明确规定	本标准适用于建设工程相关专业的在校学生和行业从业者;本标准用于BIM技能等级的划分与考核
8	建筑信息模型(BIM)与物联网(IoT)技术应用规程	T/CSPSTC 21—2019	中国科技产业化促进会	2019年6月15日	本标准规定了BIM和IoT智能化系统相关技术要求	本标准适用于新建、扩建和改建的建筑物,在设计和施工、运营中采用了物联网技术,并希望采用BIM技术来实现其数字化表达的智能化或信息化分项工程
9	公路工程信息模型交付规范	T/JSCTS 25—2023	江苏省综合交通运输学会	2023年5月1日	本标准规定了公路工程信息模型交付的基本要求、命名规则、交付格式、设计、施工、养护阶段交付要求、交付方式与审核	本标准适用于江苏省路线、道路、桥梁、隧道、涵洞、绿化及交通安全设施工程信息模型的交付
10	公路桥梁工程施工信息模型 应用与交付规范	T/JSJTQX 29—2022	江苏省交通企业协会	2022年11月1日	本标准规定了江苏省公路桥梁施工信息模型的创建、应用、交付的技术要求	本标准适用于江苏省新建、改扩建公路桥梁施工信息模型技术的应用及交付

五、企业标准

为方便大家学习使用,本部分主要对公路、铁路、轨道交通、房建等领域部分BIM企业标准进行梳理介绍,见表3-6。更多标准可在全国标准信息公共服务平台(https://std.samr.gov.cn/)查阅。

部分 BIM 相关企业标准一览表　　　　　　表 3-6

序号	名称	编号	发布部门	施行时间	主要内容	适用范围
1	公路工程信息模型统一标准	Q/CCCC GL501—2019	中国交通建设集团有限公司	2020年1月1日	本标准主要内容包括7章和2个附录，分别是：1 总则；2 术语；3 基本规定；4 模型架构；5 分类编码；6 数据交换结构；7 交付；附录A 分类编码；附录B 数据存储	本标准适用于各等级新建和改扩建公路工程
2	公路工程设计信息模型应用标准	Q/CCCC GL502—2019	中国交通建设集团有限公司	2020年1月1日	本标准覆盖路线、路基、路面、桥涵、隧道、交通工程及沿线设施，以及地形地质专业，其主要内容包括从模型信息内容、建模规定和编号规则三方面规范公路工程设计阶段模型的创建的基本要求；提出公路工程信息模型协同设计的基本要求；提出公路工程设计阶段的典型BIM应用类型	本标准适用于公路工程设计期BIM技术应用
3	建筑工程设计施工一体化BIM应用标准	Q/ZJ 0005—2021	中国建筑集团有限公司	2022年1月1日	本标准的主要技术内容是：1 总则；2 术语；3 基本规定；4 一体化管理机制；5 BIM应用策划；6 BIM应用环境；7 数据交换机制；8 设计BIM应用；9 施工BIM应用	本标准可作为企业生产的技术依据和内部验收标准，可为投标方案编制、合同签订、施工方案编制、技术交底等提供依据，同时，也是企业技术积累和技术进步的载体
4	铁路站房工程信息模型设计应用指南	Q/730207126·10—2020	中铁二院工程集团有限责任公司	2020年1月1日	本标准规定了BIM模型在各个阶段创建深度、模型文件管理要求及BIM应用流程	本标准适用于中铁二院铁路站房工程BIM信息模型创建及应用管理
5	贵阳院工程信息模型设计通用指南	Q/GYY IMT04—2021	中国电建集团贵阳勘测设计研究院有限公司	2021年12月8日	本标准共5章，主要内容包括：BIM资源、工程信息模型设计流程及准备工作、工程信息模型初始设计要求、工程信息模型协同设计等	本标准主要用于指导贵阳院各单位开展工程信息模型设计，实现后续基于模型的BIM应用

续上表

序号	名称	编号	发布部门	施行时间	主要内容	适用范围
6	中国雄安集团建设项目BIM技术标准	Q/XAG/1000—2021	中国雄安集团有限公司	2021年12月13日	本标准分为6本分册,包括总则和5本技术分册(建筑、市政、交通、园林和水利)	本标准适用于中国雄安集团管辖范围内所有房建、市政、交通、园林、水利工程项目信息模型的建立、应用和管理
7	城市轨道交通工程建筑信息模型(BIM)族库	Q/610111XAZT 001—2021	西安中铁轨道交通有限公司	2021年12月29日	本标准规定了城市轨道交通工程建筑信息模型(BIM)族库的术语和定义、基本规定、设计方案、创建要求、入库交付、使用管理、数据安全	本标准适用于西安中铁轨道交通有限公司所承接轨道交通工程,在规划、设计、施工、运维各阶段的BIM构件模型的创建、入库和管理
8	市政工程信息模型创建和交付标准(道路桥梁)	Q/ZDJKJL003—2023	郑州大学建设科技集团有限公司	2023年5月1日	本标准共分8章,主要内容包括总则、术语、基本规定、协同要求、模型分类与编码、模型创建、模型交付、数据安全与模型管理	本标准是本企业在施工阶段开展新建市政道路桥梁信息模型创建的通用原则

六、职业标准

(一)《建筑信息模型技术员国家职业技能标准》

根据《中华人民共和国劳动法》有关规定,人力资源社会保障部组织制定了建筑信息模型技术员国家职业技能标准(职业编码:4-04-05-04)。2021年12月2日,该标准以《人力资源社会保障部办公厅关于颁布网约配送员等18个国家职业技能标准的通知》(人社厅发〔2021〕92号)公布,自2021年12月2日起施行。

1. 标准背景

为规范从业者的从业行为,引导职业教育培训的方向,为职业技能鉴定提供依据,依据《中华人民共和国劳动法》,适应经济社会发展和科技进步的客观需要,立足培育工匠精神和精益求精的敬业风气,人力资源社会保障部组织有关专家,制定了《建筑信息模型技术员国家职业技能标准》。

2. 标准定位

本标准以《中华人民共和国职业分类大典(2015年版)》为依据,严格按照《国家职业技能标准编制技术规程(2018年版)》有关要求,以"职业活动为导向、职业技能为核心"为指导思想,对建筑信息模型技术员的职业活动内容进行规范细致描述,对各等级从业者的技能水平和理论知识水平进行了明确规定。

3.标准主要内容

本标准依据有关规定将建筑信息模型技术员分为五级/初级工、四级/中级工、三级/高级工、二级/技师和一级/高级技师五个等级。主要内容包括:

一是职业概况。该部分详细介绍了职业名称(建筑信息模型技术员)、职业编码(4-04-05-04)、职业定义(利用计算机软件进行工程实践过程中的模拟建造,以改进其全过程中工程工序的技术人员)、职业等级(共设五个等级,分别为:五级/初级工、四级/中级工、三级/高级工、二级/技师、一级/高级技师)、职业环境条件(室内外,采光和照明良好的场所,配置计算机及建筑信息模型软件)、职业能力特征(具有一定的逻辑思维和计算能力;具有一定的学习、沟通、分析和解决问题的能力;具有一定的计算机操作能力)、普通受教育程度、培训参考学时、职业技能鉴定要求等。

二是基本要求。该部分详细介绍了职业道德(职业道德基本知识、职业守则)、基础知识(制图基本知识、建筑信息模型基础知识、相关法律、法规知识)。

三是工作要求。该部分详细介绍了五级/初级工、四级/中级工、三级/高级工、二级/技师、一级/高级技师的工作内容、技能要求和相关知识要求,明确了从五级至一级要求依次递进,高级别涵盖低级别的要求。此外,还明确了五级/初级工、四级/中级工、一级/高级技师不分方向;三级/高级工、二级/技师分为 A、B、C、D、E、F 六个方向,其中,A 为建筑工程、B 为机电工程、C 为装饰装修工程、D 为市政工程、E 为公路工程、F 为铁路工程。

四是权重表。该部分包括理论知识权重表和技能要求权重表。

(二)《道路桥梁建筑信息模型技术应用人员职业标准》

为不断提高道路桥梁建筑信息模型技术应用人员的职业素质,规范职业行为,促进职业发展,交通运输部职业资格中心组织编制了《道路桥梁建筑信息模型技术应用人员职业标准》。2023 年 7 月 26 日,该标准以《关于颁布道路桥梁建筑信息模型技术应用人员职业标准的通告》(交通运输部职业资格中心通告 第 49 号)公布,自 2023 年 7 月 26 日起施行。

1.标准背景

为满足交通强国建设对交通技术技能人才的需要,保障道路桥梁建筑信息模型技术应用质量,规范道路桥梁建筑信息模型技术应用人员专业能力评价工作,交通运输部职业资格中心组织有关专家编制了《道路桥梁建筑信息模型技术应用人员职业标准》。

2.标准定位

本标准涵盖了道路桥梁建筑信息模型技术应用人员应具备的职业知识和能力,详细介绍了道路桥梁建筑信息模型技术应用人员的职业活动,并对道路桥梁建筑信息模型技术应用人员的培训与评价等作出了明确规定,体现了以职业活动为导向、以专业能力为核心、以培训评价为手段的特点。本标准适用于道路桥梁建筑信息模型技术应用人员职业能力评价工作。

3. 标准主要内容

本标准按照职业能力水平将道路桥梁建筑信息模型技术应用人员从低到高依次划分为初级、中级、高级，同时明确了各等级的评价申报条件、评价方式与主要评价内容。主要内容包括：

一是术语和缩略语。该部分详细介绍了道路桥梁建筑信息模型、建筑几何信息、建筑非几何信息、道桥 BIM 软件、道桥 BIM 职业能力、地理信息系统 GIS、BIM 协同应用管理、建筑信息模型 4D、城市信息模型等术语和缩略语。

二是职业道德及行为规范。该部分对道路桥梁建筑信息模型技术应用人员应遵守的职业道德和职业行为规范进行了详细介绍。

三是职业活动。该部分详细介绍了道路桥梁建筑信息模型技术应用人员的主要工作内容，包括模型创建、模型的专业应用、综合管理等内容。

四是职业知识。该部分指出了道路桥梁建筑信息模型技术应用人员应通过普通教育或职业培训教育获取基础知识、专业知识和相关规范、法律和法规知识。其中基础知识包括道桥专业基础知识、制图与识图基础知识、计算机基本知识等；专业知识包括 BIM 专业知识，道桥工程建设专业知识以及 BIM 应用知识等。

五是职业能力。该部分详细介绍了对初级、中级、高级的职业功能、工作任务、技能要求和相关知识，同时明确了从初级至高级的要求依次递进，高级别涵盖低级别的要求。

六是培训与职业能力评价。该部分对培训和职业能力评价进行了明确要求。其中，考试科目包括基础知识和专业实务两个科目。两科皆合格者方可获得交通运输部职业资格中心颁发的"交通运输专业能力评价合格证书"。此外，还明确了道路桥梁建筑信息模型技术应用人员专业能力评价的申报条件为：

凡中华人民共和国公民，遵守国家法律法规，恪守职业道德且具备相应基础教育和职业实践条件者，均可申报。

初级（具备下列条件之一者）：①累计从事本职业或相关职业工作 1 年（含）以上；②中等（含）以上职业学校本专业或相关专业修完 BIM 相关课程。

中级（具备下列条件之一者）：①累计从事本职业或相关职业工作 3 年（含）以上；②高等（含）以上职业学校本专业或相关专业修完 BIM 相关课程。

高级（具备下列条件之一者）：①累计从事本职业或相关职业工作 5 年（含）以上；②取得道路桥梁建筑信息模型技术应用人员中级专业能力评价证书。

最后该部分还详细介绍了基础知识评价内容权重和专业实务评价内容权重。

(三)《建筑信息模型(BIM)职业技能等级标准》

《建筑信息模型(BIM)职业技能等级标准》的制定机构为廊坊市中科建筑产业化创新研究中心。本标准 2.0 版本已于 2021 年 12 月发布。

1. 标准背景

为适应当前建筑行业的变革和发展，满足社会对 BIM 技能人员的迫切需求，提升 BIM 职业技能水平，结合国际工程建设信息化人才培养方式和经验，统一 BIM 职业技能基本要求，制定该标准。

2.标准定位

本标准适用于 BIM 职业技能培训、考核与评价,相关用人单位的人员聘用、培训与考核可参照使用。

3.标准主要内容

BIM 职业技能等级分为三个等级:初级、中级、高级,三个级别要求依次递进,高级别涵盖低级别职业技能要求。标准主要内容包括:范围、规范性引用文件、术语和定义、适用院校专业、面向职业岗位(群)、职业技能要求以及参考文献。

七、国外 BIM 标准

(一)国际标准

1.IFC(工业基础类)标准

随着新技术的出现,传统工程建设标准必然面临冲击与改革,国际协作联盟 IAI 发布了面向建筑工程数据处理、收集与交换的标准——IFC 标准。IFC 标准作为连接软件之间的桥梁,最大程度地解决了数据交换和信息共享问题,从而节约了劳动力和设计成本。

2.IDM(信息交付手册)标准

随着 BIM 技术的应用推广,社会对信息共享与传递过程中数据的完整性和协调性的要求越来越高,IFC 标准已无法解决此类问题。IDM 标准制定旨在将收集到的信息进行标准化,然后提供给软件商,最终实现与 IFC 标准的映射,并且,IDM 标准能够降低工程项目过程中信息传递的失真性以及提高信息传递与共享的质量,使得 IDM 标准在 BIM 技术运用过程中创造巨大价值。

3.IFD(国际数据字典)标准

IFD 标准解决了由于全球语言文化差异给 BIM 标准带来的难以统一定义信息的困难。这一标准为所有用户提供了便捷通道,能够确保每一位用户得到信息的有用性与一致性。

(二)国家标准

1.美国标准

2007 年底,美国国家 BIM 标准(NBIMS-US)第一版正式颁布,该标准对 Building Information Model(BIM)和 Building Information Modeling(BIM)都给出了定义,阐述了 BIM 标准的研究方法和编制要求。

2012 年,美国发布了该标准的第二版,其中包含了 BIM 的参考标准、信息交换标准和最佳实践标准等内容。

2015 年,美国发布了该标准的第三版,其中包含了参考标准的一致性规范,描述了在建筑全生命周期中不同部分信息交换的标准要求,建模、管理、沟通、项目执行和交付,甚至合同规范的标准流程等更加细化的内容。

美国国家 BIM 标准不仅在美国国内为建筑行业的提升提供了强大动力,还为其他国家提供借鉴。比如包括加拿大在内的多个国家已在研究和借鉴美国上述标准的基础上,制定了本国的 BIM 标准。

2. 英国标准

英国建筑业 BIM 标准委员会(AEC)在 IFC 等标准的基础上,于 2009 年颁布了英国建筑业 BIM 标准,此后又分别于 2011 年 6 月和 9 月颁布了基于 Revit 和 Bentley 平台的 BIM 标准等。业界对于英国 BIM 标准制定评价较高,不仅具有很强的可操作性,其应用于实际工程中的经验也较为丰富。

3. 其余标准

挪威分别在 2009 年以及 2011 年发布了 BIM 手册 1.1 与 1.2 两个版本。芬兰在 2007 年发布了 BIM 使用要求,共分为 9 卷,其包括了建筑、机电、结构、可视化、基本质量等模块。澳大利亚也在 2009 年出台了数字模型的国家指南。此外还有韩国等多家政府机构致力于 BIM 建设,其中韩国标准包括《建筑领域 BIM 应用指南》《韩国设施产业 BIM 应用基本指南书——建筑 BIM 指南》以及《BIM 应用设计指南——三维建筑设计指南》等。

第四章

BIM与工程项目信息管理

本章主要从工程项目信息管理、工程项目信息管理系统、基于BIM的工程项目信息管理以及实际应用等方面展开介绍。

第一节 工程项目信息管理概述

一、工程项目信息

工程项目的全生命周期中会产生大量的信息。这些信息按照一定的规律产生、转换、变化和被使用,并被传送到相应的单位,从而形成项目实施过程中的信息流。工程项目信息可按其内容属性进行分类:

(1)组织类工程信息,如工程建设的组织信息、项目参与方的组织信息、参与工程项目建设有关的组织信息及专家信息等;

(2)管理类工程信息,如与投资控制、进度控制、质量控制、成本控制、合同管理、安全管理和信息有关的内容等;

(3)经济类工程信息,如建设物资市场信息、项目融资信息等;

(4)技术类工程信息,如与设计、施工、物资有关的技术信息等;

(5)法律法规类信息,如各项法律法规、政策信息等。

二、工程项目信息管理

工程项目的信息管理是指在工程实施中对项目信息进行组织和控制,合理的组织和控制工程信息的传输能够有效获取、存储、处理和交流工程项目信息,这对工程项目的实施和管理有着重要的意义。目前,信息管理是建筑行业较薄弱的管理环节,多数建设单位和施工企业项目信息管理的组织和控制基本上还是传统的组织和控制方式,传统的信息管理方式存在许多的不足之处。有关研究表明,工程项目存在的问题中有60%与信息交流有关,有10%以上项目费用的增加与信息交流有关。由此可见工程项目信息管理的重要性。

工程项目信息管理贯穿于项目的全生命周期,即贯穿于项目的决策阶段、设计阶段、实施阶段和运营维护阶段。如何更有效地组织和控制工程项目的信息是摆在广大建筑行业从业者面前的重要课题。通过对各个系统、各项工作和各种数据的管理，项目的信息能方便和有效地获取、存储、存档、处理和交流。项目信息管理的目的是旨在通过有效的项目信息的组织和控制来为项目建设提供增值服务。

三、工程项目信息管理现状

(一) 工程项目信息庞大复杂、集成共享不畅通

建设工程参与单位众多、工序复杂动态性强、资料档案繁多、时间跨度大，造成工程项目信息庞大复杂。与此同时，虽然当前计算机技术在建设工程行业内得到了广泛的使用，但大多局限于单个过程或单项任务，容易造成"信息孤岛"现象，即单项任务的生产效率已经由信息技术改进，但并未完全实现全生命周期的信息集成和共享。

(二) 工程项目信息化管理体系还不够完善

部分工程项目信息管理体系不完善，信息管理由其他职能部门代管，责权不明，甚至信息化管理与控制体系缺失。部分工程项目没有建立稳定的信息数据库或建立的信息数据库编码不规范，造成信息易丢失、使用不便利。究其原因，部分单位对工程项目信息化管理的重要性认识不足，出于对投资或者成本的考虑，忽略了信息管理体系的建立。

(三) 工程项目信息传递不够环保

纸介质目前还是建筑行业各单位间信息交流的主要媒介，纸张消耗量大，资源浪费较为严重。与此同时，这种信息传递的方式造成了各单位间的信息延误甚至是缺失断层，是建筑行业高质量发展的阻碍之一。

(四) 复合型人才缺失

具备计算机应用能力、建设工程项目信息管理能力和拥有专业技术的复合型人才比较缺失。其原因是长期以来我国对计算机知识和管理知识的培训相互脱钩，缺乏对复合型人才的教育培训，人才过于单一化。

由此，针对我国建设项目信息管理存在的问题，项目单位要加大对信息化管理的理论和应用研究，加强建设工程项目信息管理的实践；同时，建设工程项目管理要建立信息管理体系，建立专门的信息管理机构；另外，要加强人才培养，对建设工程项目管理人才进行工程专业技术、项目管理知识、计算机应用能力和信息化技术等综合能力的培训，使其更好地适应现代化的项目管理工作。

四、工程项目信息管理的意义

工程项目信息管理对于提升项目的经济效益和社会效益具有至关重要的作用。通过实施信息化管理，可以更有效地提高建设工程项目的增值潜力。这种管理方式不仅促进了工程管

理信息资源的深度开发和充分利用,还使得项目团队能够汲取类似项目的经验与教训,无论是成功的案例还是失败的教训,都能为当前项目提供宝贵的参考。此外,信息化管理使得大量有价值的组织信息、管理信息、经济信息、技术信息和法规信息得以集中和整合,这些信息在项目决策、方案选择、项目实施期的目标控制以及项目建成后的运维管理中都发挥着不可或缺的作用。

信息技术在工程管理中的开发和应用能实现:
(1)解决建设工程全生命周期过程信息实时、真实和全面获取的问题;
(2)解决建设工程信息的高效处理和科学分析的问题;
(3)解决建设工程信息的分级分类分发与共享的问题。

基于互联网的信息处理平台已经成为现代建设工程项目管理的核心。通过这个平台,各项目可通过电子邮件、互联网传递,使建设项目和承包商、材料供应商等各项目参与方进行信息沟通,有效克服招投标过程中信息的不公开状态,同时增加了透明度,从而规范了市场不正当竞争行为,提高了工作效率,降低了工作成本,使招投标的竞争在更广范围、更高层次上进行。而在材料设备采购方面,网上交易提高了供方与购方的工作效率,降低交易成本,对双方长期合作经营关系起主导作用,对不正当竞争行为进行有利控制,促进建筑市场的健康发展。

第二节　工程项目信息管理系统

一、工程项目信息管理系统

工程项目信息管理系统是处理工程全生命周期信息,为业主及参建各方提供规范统一、协同管理的一体化系统。该系统能包括实施工程项目过程中人力、物力、财力和时间资源合理分配的全过程,涵盖了项目管理、成本预算工程报价、质量、合同文件的管理以及人事、劳资、财务、材料设备、计划统计等办公自动化的一系列工作。

二、工程项目信息管理系统组成

工程管理信息系统主要由以下几部分组成:
(1)操作系统软件平台。它是硬件之上的最底层系统软件,其性能直接影响系统的运行效率、安全和开放性。
(2)支撑软件层。该层是操作系统应用软件的支撑工具,需要两部分软件的支持,用于对现场产生的实时数据及设计施工的技术经济数据进行加工整理的数据库管理系统。
(3)项目管理层。该层直接面向施工主体项目,一般分为设备管理子系统、材料管理子系统、机电安装管理子系统、进度调度管理子系统、文档管理子系统等。
(4)高层项目管理。该层是整个系统的最高层,其主要功能是综合处理项目管理层的基层信息,协调项目管理层中各模块间的管理调度功能,对施工现场的总体进度、工程质量、造价成本、投资四个重要因素实施管理、控制及调度。

三、工程项目信息管理系统功能

随着信息技术的发展及工程项目管理思想、方法的不断进步,工程管理信息系统的功能也在不断发生变化,在工程项目管理中也发挥出更为巨大的作用,高性能的工程管理信息系统已经成为工程公司核心竞争能力的重要组成部分。工程管理信息系统应实现的基本功能是相同的,一般认为工程管理信息系统的基本功能构成应包括投资控制、进度控制、质量控制及合同管理四个子系统,各个子系统应实现的基本功能如下。

(一)投资控制子系统

(1)投资分配分析;
(2)编制项目概算和预算;
(3)投资分配与项目概算的对比分析;
(4)项目概算与预算的对比分析;
(5)合同价与投资分配、概算、预算的对比分析;
(6)实际投资与概算、预算、合同价的对比分析;
(7)项目投资变化趋势预测;
(8)项目结算与预算、合同价的对比分析;
(9)项目投资的各类数据查询;
(10)提供多种项目投资报表等。

(二)进度控制子系统

(1)工程实际进度的统计分析;
(2)实际进度与计划进度的动态比较;
(3)工程进度变化趋势预测;
(4)工程进度各类数据的查询;
(5)提供多种工程进度报表等。

(三)质量控制子系统

(1)分项工程、分部工程和单位工程的验收记录和统计分析;
(2)工程材料验收记录;
(3)提供多种工程质量监督管理报表等。

(四)合同管理子系统

(1)提供和选择标准的合同文本模板;
(2)合同文件、资料的管理;
(3)合同执行情况的跟踪和处理过程的管理;
(4)提供各种合同管理报表。

第三节　基于 BIM 的工程项目信息管理

基于 BIM 工程项目信息管理,是指在工程项目全生命周期中,利用 BIM 技术作为核心信息平台,集成项目设计、施工、运维等阶段的所有相关信息,形成一个统一、协调的信息管理系统。该系统通过三维模型的形式,不仅包含工程的几何信息,还集成时间、成本、资源等多维度数据,实现项目管理的数字化、可视化和智能化。

在这一管理框架下,BIM 技术能够帮助项目团队进行高效的信息共享、协同工作、决策支持和风险管理。具体应用包括:利用 BIM 模型进行工程设计的优化与审查;通过参数化建模和模型拆分技术,提升施工管理的精确度和效率;集成地理信息系统(GIS),实现项目现场与模型的精准对应,形成"数字孪生";结合物联网(IoT)数据,实现实时监控和智能分析;以及利用大数据分析,优化资源配置,控制成本和进度。通过这些手段,基于 BIM 的公路工程项目信息管理能够显著提升工程项目的管理质量和效率,降低建设成本,确保工程质量和安全,同时为项目的可持续发展和智慧交通体系构建奠定坚实基础。

一、传统工程项目信息管理存在的问题及影响

(一)信息传输共享方面

由于工程项目管理全过程涉及的单位部门众多,信息输入只能停留在本部门或者单体工程的界面,信息传输常常出现滞后现象,难以及时进行整体工程的信息传输,也阻碍了整个工程的信息汇总,容易形成"信息孤岛"现象。

(二)信息分析处理方面

工程项目数据量大且实时动态变化,传统信息输入难以及时汇总。工程的图纸、文件、资料等文档,数量大而且一般以纸质的形式保存,无法随时进行调阅,影响了管理信息的使用效率。

(三)信息使用方面

工程建设与管理过程中必然产生大量的信息,而各自为阵的局面产生信息的孤岛,使得信息不能共享,信息使用效率低下。更无法将信息进行组合筛选,满足业主、承包商等在项目各阶段的需求。

二、基于 BIM 的工程项目信息管理的优势

基于 BIM 的工程项目管理信息系统除了具有传统管理信息的优势外,还具有以下优势。

(一)方便信息数字化展示

BIM 是以工程项目的各项相关信息数据为基础,建立的数字化建筑模型。它具有可视化、协调性、模拟性、优化性和可输出图形五大特点,给工程建设信息化带来重大变革。

BIM不仅将传统信息管理模式下存在图纸化设计的"专业碰撞"导致施工难度增加的弊端破除,更为重要的是,将各个集成阶段的资源和数据实现有效链接,通过智能化和参数化的手段将本来极为复杂的项目信息以数字化的方式表现出来。

(二)方便实现信息集成共享

随着工程总承包模式的不断推广和运用,人们越来越强调项目的集成化管理,同时对管理信息系统的要求也越来越高。如将项目的目标设计、可行性研究、决策、设计和计划、供应、实施控制、运行管理等综合起来,形成一体化的管理过程。将项目管理的各种职能,如成本管理、进度管理、质量管理、合同管理、信息管理等综合起来,形成一个有机的整体。

基于 BIM 技术的信息管理可极大地打破现有工程项目管理中的屏障,集成工程项目各阶段、各关键指标、各组织、各专业、各项目的信息,形成更加广泛的集成,协调工程项目系统目标、外部资源、内部资源。BIM 信息集成共享示意图如图 4-1 所示。

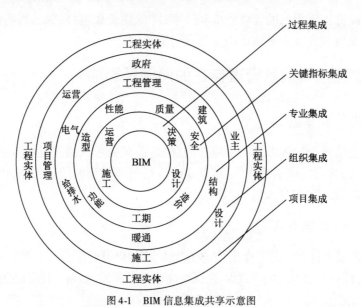

图 4-1　BIM 信息集成共享示意图

(三)方便实现信息协同控制

基于 BIM 技术的工程项目信息管理模式,对传统图纸化设计中专业间的协调性不足实现优化。此外,对项目施工过程中存在的节能减排问题、施工进度、工程成本控制、施工安全管理、管线碰撞问题所涉及的重要参数数据或信息也同样能实现模拟化管理,以保证对整个项目的动态化管理,进而提高工程设计、施工和运维管理的质量、效率和科学化水平。

(四)方便实现信息更新管理

随着项目管理周期的不断缩短,项目信息也随之越来越多。BIM 信息模式不是一个一成不变的模型,而是能够在项目进展的过程中,随着数据参数的变化而不断进行自我更新的智能化系统,使得其能够对项目进展各生命周期实现有效跟踪,为整个全生命周期的优化管理服务。

(五)方便实现信息拓展应用

BIM 技术可以实现建筑设计、施工、运营和维护等各个领域的信息拓展应用。在建筑设计中,BIM 可以在数字化模型中添加建筑材料和元素的信息,模拟建筑工程的实际性能,帮助设计师根据情况和需要进行调整。在施工过程中,BIM 可以帮助工程管理人员规划工程进度、材料和工具的使用,提高工作效率和质量,降低成本。在建筑运营和维护方面,BIM 技术可以帮助运营和维护人员实时监控建筑物的设备状态、维护记录,协助发现和处理问题,及时维修处理,最大程度地减小因工程疏忽造成的损失。

此外,BIM 技术还可以应用于能源管理、城市规划、设备应急、物业租赁、结构分析等诸多领域,为这些领域提供更多的创新应用和工具,见图 4-2。

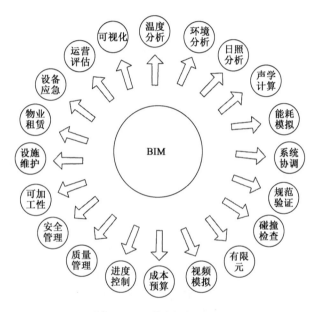

图 4-2 BIM 技术的应用领域

三、基于 BIM 的工程项目信息管理的应用

(一)项目全生命期内的应用

1. 项目规划研究阶段

基于 BIM 的信息管理系统在项目规划研究阶段中的应用,为项目决策提供了更为精确和全面的支持,具体应用包括:

(1)三维可视化规划。利用 BIM 技术,可以将公路工程的规划方案转化为三维可视化模型,包括地形地貌、路线走向、桥梁、隧道等关键构造物布局。这种可视化不仅让设计意图更加直观易懂,也有助于项目各方更好地理解和沟通,及时发现和解决设计初期可能存在的问题。此外,通过 BIM 的仿真模拟功能,可以对规划方案进行模拟和评估,提前发现潜在的问题,从

而在早期阶段进行优化和调整，提高规划方案的科学性和可行性。

（2）与GIS集成的环境分析。BIM与地理信息系统（GIS）的集成应用，能够将公路规划与周围环境的地理信息紧密结合，进行土地利用、生态影响、交通流量分析等。这种集成分析有助于项目团队做出更符合实际情况的规划决策，减少对环境的负面影响，制定相应的预防和应对措施，实现绿色、可持续的工程规划。

（3）资源计划与管理。基于BIM的信息管理系统可以帮助决策者更好地规划和分配资源，如材料、人力、设备等，从而提高资源的利用效率。

（4）设计优化与碰撞检测。在规划阶段，通过BIM模型可以预先进行设计的碰撞检测，比如线路与现有建筑、地下管线的冲突，桥梁设计中的结构冲突等，从而在设计初期就避免了未来的施工冲突和变更，节约了时间和成本。

（5）成本估算与控制。BIM模型中的构件带有详细的材质、规格等信息，基于BIM的信息管理系统可以快速准确地进行早期的成本估算，为决策者提供有力的数据支持。同时，通过BIM的实时监控功能，可以实现对工程成本的动态控制和管理。

（6）可行性研究支持。基于BIM模型可以进行多种情景模拟，比如不同路线选择的经济性分析、施工难易度评估等，为项目的可行性研究提供更加详尽和科学的支撑材料，帮助决策者作出更为合理的规划决策。

（7）协同工作与信息共享。基于BIM的信息管理系统可以实现信息的实时共享和交流，提高项目各参与方之间的沟通效率。同时，通过BIM的协同设计功能，可以实现各专业之间的无缝对接，减少信息传递过程中的损失和误差。

综上所述，基于BIM的信息管理系统在工程前期规划研究阶段的应用可以帮助项目团队更好地规划和管理工程，确保项目的顺利实施。

2. 项目设计阶段

基于BIM技术的信息管理系统在设计阶段中的应用也是非常广泛的，具体应用包括：

（1）三维设计与可视化。BIM技术提供了一个三维设计平台，设计师可以在这个平台上构建道路、桥梁、隧道等结构的详细模型，实现从二维图纸到三维模型的转变。三维可视化不仅提高了设计的直观性，还便于设计师、业主及利益相关方对设计方案进行评审和讨论，及时发现并解决设计缺陷，减少设计变更。

（2）协同设计。在公路工程项目启动之初，多学科设计团队依托BIM平台协同工作，合力构建并维护一个集成的三维模型。这一模型涵盖了道路工程师精心规划的道路与路基结构、结构工程师精细设计的桥梁与隧道部件，以及环境设计师为实现自然与人造环境和谐共融所做的景观规划。BIM平台作为一个共享的设计空间，确保了跨学科设计的一致性与精确性，促进了设计团队间实时的模型查看、讨论与修订，加速了决策流程并提升了决策质量。BIM信息管理系统进一步赋能设计优化，通过深度分析提出更优解。与此同时，BIM的可视化特性为设计人员、项目所有者、施工团队等项目相关方提供了一个清晰直观的视角，加深了各方对设计意图的理解，提高了沟通效率与满意度，构建起紧密无间的合作桥梁。

（3）环境影响评估与优化。BIM模型与GIS（地理信息系统）的集成应用，使得设计团队能够在真实地理环境下进行公路线形设计。BIM系统能帮助评估公路项目对自然环境和社会环境的潜在影响。比如,通过模拟道路建设对周边水系、植被覆盖和野生动物迁徙路径的影响,设计团队可以调整线路布局,采用生态友好的设计策略,如设置动物通道、优化排水系统以减少水土流失。

(4)冲突检测与解决。在复杂公路工程项目设计中,BIM信息管理系统的核心优势之一在于其高效的冲突检测与解决方案。该系统能够在设计阶段早期,通过自动化的碰撞检测分析,精确诊断出结构、机电管线与道路布局之间可能存在的冲突,例如及时发现桥梁预应力束与桥面排水管道的布置矛盾,并立即进行问题区域标记。设计人员依据系统提示,能在第一时间调整设计方案,有效避免施工期间因未预见冲突而引发的返工和时间延误。BIM技术的这一应用,不仅显著提升了设计的精确性和施工的连续性,而且极大节约了项目时间和成本,充分体现了BIM在提高设计效率与经济性控制方面的显著优势,特别是在设计深化阶段,其价值更为突出,确保了公路工程项目的顺利推进和优化管理。

(5)成本控制。在设计阶段引入基于BIM的信息管理系统,可显著提升成本管理的精确度与效率。该系统不仅允许设计人员精确估算材料、人工等直接成本,还助力对设计方案进行成本优化,牢牢控制项目总投资。BIM模型凭借其丰富的构件属性与数量详情,自动化生成的材料清单和成本估算成为预算制定的可靠依据,确保成本控制的准确性。项目管理者据此能快速产出包含直接与间接成本(如设计变动引发的额外费用)的详尽成本估算报告。总之,系统提供的实时成本反馈机制能有效预防预算超支,为项目的经济可行性和成本控制提供了强有力的保障。

(6)设计规范性检查与设计变更管理。借助基于BIM的信息管理系统,设计工作在确保合规性上有了新突破。该系统通过集成设计规范与标准,自动执行合规性检查,对照国家及地方的建设要求,有效规避标准冲突,为项目审批铺设畅通无阻的道路。同时,设计变更是建设项目中不可避免的部分,而BIM模型展现了其灵活性与高效性,即可适应任何改动,并随之自动同步所有关联图纸与数据,杜绝信息差错与滞后。这样,设计团队、施工现场与项目管理层能同一时间基于最新、最准确的信息作出决策,协同作业,进一步提升了项目管理的效能与准确性。

(7)施工模拟与物流规划。基于BIM的信息管理系统搭建了设计单位可以与施工单位之间的桥梁,促进了双方深度合作与沟通。施工单位能够提前介入,深入了解设计方案并提出建设性意见,这些前期介入不仅优化了设计,还显著提升了施工的效率与质量。通过BIM模型的运用,项目团队得以实施施工进度的仿真模拟,科学预测各阶段资源需求及物流配置,例如,针对桥梁特定构件的预制加工、运输路径到现场安装等流程的精细模拟,确保施工流程的有序进行与场地布局的最优化。此外,BIM技术还助力评估施工活动对周边交通流的潜在影响,据此制定出行之有效的交通疏导方案,减轻施工期间的交通压力,展现了BIM在促进施工智慧化管理方面的巨大潜力。

通过以上应用场景,基于BIM的信息管理系统在公路工程项目设计阶段展现出其在提高设计质量、促进多方协作、优化资源配置和保障合规性等方面的巨大价值。

3. 项目施工阶段

基于BIM的信息管理系统在公路工程项目施工阶段的应用,极大地提升了施工的效率、

精度与管理水平,具体体现在以下几个核心方面:

(1)施工模拟与进度规划。通过BIM技术,项目团队能够精准地模拟施工过程,这一过程涵盖了施工顺序的规划、资源配置的优化以及时间表的精确安排,为施工计划的制定与优化提供了强有力的支持。例如,在大型桥梁建设项目实践中,施工团队运用BIM模型进行了深入的施工模拟,不仅细化到每个构件的安装顺序与时间掌控,还通过这一模型预测施工流程中的关键路径,确保资源配置的最优化。模拟结果能帮助团队准确识别施工流程中的潜在瓶颈,并据此及时调整策略,有效压缩了工期,保证了施工活动的连贯性和高效运行。此外,BIM模型还助力项目管理者进行施工进度和风险的前瞻性评估,为决策提供科学依据,进一步促进了施工进程的平稳与高效推进。

(2)现场布置与物流优化。BIM技术在公路工程项目施工阶段展现出卓越的空间规划与物流管理能力,无论是在常规施工还是复杂结构工程(如桥梁、隧道)施工中,均发挥着重要作用。它助力项目团队通过三维布局规划,精细安排临时设施、材料堆放区及重型机械的布置,不仅最大化利用了现场空间,还有效降低了施工间相互干扰,提升了作业效率。特别是在面临空间局限较大的隧道施工项目时,BIM信息管理系统能够更精准地规划临时道路、材料堆场和设备停放区,确保在有限空间内实现高效作业。此外,BIM通过模拟物流运输路径与材料供应链流程,优化了材料的配送策略,精确规划运输路线与卸货地点,有效缓解了现场拥堵情况,保证了材料的准时供应,大幅提高了物流运作的效率,同时降低了物流成本。这一系列应用,突显了BIM技术在施工管理中对于空间优化与物流协调的显著优势。

(3)协同作业与信息共享。基于BIM的信息管理系统在公路工程项目中扮演着核心协调者的角色,通过整合与协调各异的建筑模型,有效促进了不同施工团队间的沟通流畅度,实现了信息的透明共享,大幅减轻了协调与变更管理的工作负担。该系统依托BIM平台,构建了一个集设计团队、施工方、监理单位及供应商于一体的协作生态系统,利用云端技术进行数据存储与权限管理,确保所有参与者能够即时获取项目最新信息,显著提升了协同作业的效率。尤其在面对跨地域、多承包商的复杂公路建设项目时,BIM信息管理系统作为信息共享的中枢,通过云平台打破了地理界限,使得设计、施工、监理各方能够无缝衔接,实时协同办公,极大地消除了沟通障碍,加速了决策过程。例如,在某跨国公路建设项目案例中,BIM平台的运用成功实现了全球范围内团队的高效对接与合作,确保了工程项目的顺利推进与高效执行。

(4)成本控制与物料跟踪。基于BIM的信息管理系统在公路建设项目中展现出强大的成本控制能力,覆盖了施工的全方位预算管理,囊括物料、设备、人工等各项成本要素,为项目管理者提供了精准的成本控制工具。例如,在一个综合性公路建设项目中,包含多座桥梁和多个路段的复杂工程,通过将BIM系统与成本管理软件深度融合,实现了对物料消耗、人力资源分配以及工程进度的实时监控。这种集成方案不仅自动比对预算计划与实际花费,还助力管理者迅速识别差异,及时调整预算策略,有效遏制了成本超支。此外,借助BIM模型的物料跟踪机制,项目能够精确掌握物资流动,减少不必要的材料浪费,进一步提升了成本效益。综合而言,BIM与项目管理软件的集成应用,为公路工程的成本控制提供了动态调整的可能,确保了财务资源的高效利用。

(5)施工指导与质量控制。BIM技术在公路工程施工阶段的应用显著提升了作业指导的精确性和质量控制的有效性。施工人员可以依靠BIM模型获得详尽的施工指南,包含构件的确切尺寸、安装序列及技术手段。结合移动设备和增强现实技术,工人们能够在模型的直观指引下操作,直接提高了施工的精确度,减少了失误。BIM模型不仅作为施工的数字蓝图,还担当起了质量监控的重要角色,通过实时对比模型与现场施工状态,及时发现并纠正偏差,有力保障了工程质量。例如,在某高速公路扩建工程中,BIM模型与质量控制系统集成,现场工程师通过移动设备扫描BIM模型中的二维码,即可获取该部位的详细施工要求、标准和检验方法,确保施工符合设计要求。

(6)安全风险评估与管理。基于BIM的信息管理系统,利用先进的BIM技术,实现了对施工安全风险的高效预测与模拟,显著强化了施工过程的安全管理与控制。该系统通过详尽的BIM模型,能够在施工前精确预判高空作业、重物吊装及其他潜在的安全隐患,使项目团队能够有的放矢地制定出针对性的预防策略与应急响应计划,有效降低了实际施工中安全事故的发生概率。具体来说,模型内置的安全风险评估模块,能够突出显示如高空作业、密闭空间操作等高危环节,促使项目管理者提前采取必要的安全防护措施,从而最大限度地减少施工期间的安全风险,保障了工地的整体安全水平与人员的生命安全。

(7)环境与可持续性管理。BIM技术可以评估施工活动对环境的影响,如噪声、粉尘排放等,支持项目团队采取减缓措施,同时通过模拟优化能源使用,促进施工过程的绿色化。

综上所述,基于BIM的信息管理系统在建筑施工项目管理中的应用通过数字化、可视化的管理手段,有效提升了施工管理的精细度和效率,降低了管理成本和风险,保障了工程质量和施工安全,同时也为成本控制和环境保护提供了有力支持,推动行业升级。

4. 项目运营管理阶段

在公路工程项目的运营管理阶段,基于BIM的信息管理系统的应用显著提升了公路维护、资产管理、应急响应及决策支持的效率与智能化水平,主要体现在以下几个方面:

(1)资产与维护管理。BIM模型作为综合信息的集大成者,翔实地记载了公路项目中路面、桥梁、隧道及沿线设施每一细微组件的信息,这些数据在项目进入运营阶段后,被整合进资产管理系统,成为其核心组成。结合BIM模型与物联网传感器技术的创新实践,为公路运营团队开启了基础设施实时监控的新篇章,覆盖桥梁结构健康评估、隧道通风系统效能监控等多个维度,实现了运营管理的高度智能化与精细化。一旦监测到异常状况,例如桥梁钢筋腐蚀率提升,系统立即触发预警系统,利用BIM模型存储的精确结构数据,迅速定位故障原因。这不仅加快了维护团队的响应速度,定制出更为精准的维修策略,还有效延长了设施的使用寿命,显著降低了非预期停运的频次与时长。通过构建"数字孪生"系统,BIM技术持续监督关键结构的健康状态,紧密跟踪应力变化、裂缝扩张及磨损情况,确保了设施问题的即刻识别与精确诊疗,极大提升了运营管理的效率与智能化水平,为公路项目的长期稳定运行奠定了坚实基础。更进一步,利用BIM模型积累的历史维护记录与预测性分析,能够制定出更加精准的预防性维护计划。系统通过对过往维护记录与当前设施状况的分析,预判即将达到维护周期的设施部分,提前调度维护任务,有效降低了突发维修的高昂成本和对交通的干扰,进一步巩固了公路资产的稳定运营与长期价值。

(2)环境与能效管理。BIM模型通过整合广泛的环境数据,在公路项目及其运维中显现出巨大价值,尤其是在精细的能源管理和监控层面,赋予了运营者精准控制,如路灯照明、隧道通风系统能耗。借助深入的数据分析来发掘节能空间,优化能源使用策略,有效缩减运营成本,同时减轻对环境的影响。BIM技术不仅广泛应用于公路工程构筑物的运维管理,帮助管理者精确监控能耗,提升能源利用效率,还在"零碳公路"的运营阶段通过高级信息管理系统展现了其在能源管理与环境优化上的前沿应用。该系统利用集成的光照、气温、车流量等环境数据,实现路灯和隧道通风等设施的智能调控,根据实时需求动态调整,大幅度降低能源浪费。同时,还可优化可再生能源(太阳能、风能)的产出分配,并与储能系统协同,确保绿色能源的高效应用。它追踪公路的碳排放足迹,引导减排策略的实施,优化交通流减缓排放。通过模拟分析对环境的影响,采取措施如生态补偿,维护并改善周边生态系统。同时,BIM系统加强公众参与和环境保护教育,展现"零碳公路"的绿色成果,增强了社会对可持续交通模式的认可。总而言之,BIM信息管理系统在"零碳公路"运营中扮演着关键角色,引领公路交通向更加绿色、高效和可持续的方向发展。

(3)空间与设施管理。BIM技术通过构建公路工程构筑物的全面空间信息数据库,赋能运营管理者动态监测与分析构筑物使用情况,有效协调各部门空间需求,提升管理效率。在诸如公路服务站与休息区等公共设施的日常运营中,BIM模型优化了空间资源分配,通过模拟多种使用情境,深入评估布局变动对人流导向、车流管理的潜在影响,从而不断调整优化,确保旅客体验与服务质量同步提升。例如,在某高速公路服务区的扩建规划中,BIM技术不仅详尽展现了现有的设施布局,还充分发挥其模拟优势,对比分析了多种扩建方案在交通组织、停车位配置以及商业活动空间上的效果,为决策层提供了直观的方案评估依据,助力选取最佳扩建策略。这一过程不仅确保了扩建工作的高效性和合理性,还最大限度地减少了对既有运营活动的干扰,展现了BIM技术在复杂公路项目运营管理中的深度应用价值。

(4)应急响应与安全管理。在面对紧急情况,包括自然灾害与交通事故等时,BIM与GIS集成的平台展现了其独特价值,通过提供精确的地理空间信息,迅速锁定事故位置,为应急疏散和救援行动规划高效路线。该集成系统不仅加速了响应速度,还提升了应对效率,尤其体现在其对紧急情景的模拟能力上。例如,在处理一次突发的山体滑坡事件时,BIM信息管理系统迅速生成受影响路段的三维模型,并结合GIS数据分析,准确评估灾害区域范围,为救援队伍精准规划了进入灾区的最佳路径与临时交通绕行方案。系统进一步利用模型模拟,对受损结构的安全状况进行快速评估,指导实施紧急加固措施,极大地缩短了公路恢复通行的时间,同时有效降低了二次灾害发生的可能性,充分体现了BIM与GIS集成技术在提升应急管理水平和保障公共安全方面的关键作用。

(5)数据分析与决策支持。BIM技术在公路工程项目中展现出全方位的应用价值,它不仅生成构筑物的三维模型及附带的丰富信息,还整合了所有相关文档与数据,构建起基于信息管理系统的BIM数据库。这一数据库直接赋能给运营管理者,为他们提供第一手且高度准确的建筑管理资讯。更进一步,BIM信息管理系统能有效搜集广泛的运营数据,涵盖交通流量统计、维护活动记录,以及环境监测的各项指标,利用这些大数据进行深入分析,为管理者决策过程提供强有力的支持。举例来说,通过对交通流量数据的剖析,可以优化路网设计布局,缓解交通拥堵问题,或者依据累积的维护成本及设施老化状况的数据分析,科学规划资本支出,确保资源的合理配置与使用,从而全面提升公路项目的运营效率与长期可持续性。

总之,基于 BIM 的信息管理系统在建设项目的运营管理阶段具有重要的应用价值,能够为建筑物运营管理者提供更为精准的管理数据和工具,提高运营效率和降低成本,推动行业升级。

(二)工程应用实例

1. 应用实例 1

某跨海通道项目打造智慧梁场,全面推行智能化、工厂化及装配化的建设理念,创新优化施工工艺,实现模板自动化、钢筋部品化及混凝土生产智能化,积极应用物联网技术 + BIM 技术等新技术,对"工、料、机、法、环"进行精细管理,大幅提高了预制工效与架设精度。

2. 应用实例 2

河北雄安新区某交通工程项目全面实施智能建造,项目管理搭建 BIM + GIS 信息化综合管理平台,路基施工开展智能压实试点,桥梁施工推进全装配式试点,路面施工实施数字化全程监控,112 项"四新"技术、50 余项"小微"创新得到广泛应用,取得了良好效果。

3. 应用实例 3

江苏省某隧道工程建立了 BIM + GIS 协同信息管理平台,完成了湖底淤泥资源化利用,实现了高水位下软弱土万米级超宽堰筑法隧道施工全过程渗透稳定和隧道变形的精准控制,推动了堰筑法隧道施工全过程施工质量、安全保障、进度管控、绿色环保水平的提升。

4. 应用实例 4

四川省首座八车道高速公路隧道——G5 京昆高速公路绵阳至成都段某隧道工程,隧道全长 887.5m,最大埋深 112.7m,最大开挖宽度 23.05m,最大开挖面积 257.05m^2。针对超大跨度、超浅埋隧道建设难点,有关部门在隧道正向设计、施工安全管控、设计施工协同、信息化施工管理四方面取得创新性成果,形成"基于 BIM 技术超大断面浅埋隧道信息化管理示范关键智能建造技术",有力保障了隧道建设。

5. 应用实例 5

福建省某重点在建高速公路建设项目,利用设计阶段已建好的 BIM 模型,联通省高速公路建管一体化平台和电子档案信息管理系统,建设期打通项目信息管理数据到项目电子文件数据,根据信息系统的建设标准,编制电子档案管理系统建设方案,进行了统一质检用表、统一工程划分、在线质量检验、自动汇总评定等信息化、无纸化应用,实现"业务-文件-档案"的一体化管理。在具体应用中有效推进项目自身建设,相关经验处于行业内较高水平。

6. 应用实例 6

包茂高速公路某扩建项目使用 BIM + GIS 智能信息化协同管理平台,进行数据展示、数据管理和 BIM 可视化。通过该平台,管理人员可以随时随地掌握项目进度,监控施工动态,及时发现问题并督促施工单位、项目负责人及时整改,杜绝各种违规操作和不文明施工现象,促进安全生产和工程质量管理。

四、基于 BIM 的工程项目信息管理发展

(一)BIM 技术应用于工程项目信息管理将被大力推广

随着路桥建设行业的不断发展,BIM 技术应用于信息管理已经成为行业趋势和方向。目前,路桥建设行业已经逐渐从传统的二维纸质图纸和单一的 CAD 软件模式转向了基于 BIM 的信息管理模式,优化建筑业的制造和建造工作流程,提高了建筑工程的造价管理、安全管理、质量管理等方面的效率和精度。具体原因如下。

1. 政策推动

随着全球对基础设施现代化的迫切需求,政府不断提升对建设项目的信息化与智能化要求。随着相关政策与标准的相继出台,正强力驱动 BIM 技术在公路工程领域的广泛应用。不仅限于鼓励,许多国家和地区已迈入实质性的政策阶段,对特定规模及类型的公路工程项目实行 BIM 应用的强制性要求。近年来,这一趋势越发明显,国际间对于基础设施建设行业的规范化管理力度加大,明确导向鼓励乃至规定必须在项目中融入 BIM 技术,以此激发企业和专业人士主动采纳 BIM 技术,共同推进工程技术的进步与产业升级。

2. 应用广泛性

BIM 技术不仅适用于工程设计、施工等阶段,还可以应用于项目的运营管理阶段,涵盖了全生命周期的各个阶段,对于提高各个领域的效率、安全和可持续性都有着广泛的应用空间。

3. 数字化转型趋势

在应对日益复杂工程挑战及不断提升项目管理效率的迫切需求下,路桥建设行业正加速迈进数字化转型的进程,力求在竞争激烈的市场中占据先机。作为这一转型的核心驱动力,BIM 技术脱颖而出,它不仅整合了项目从设计到施工再到维护全生命周期的所有数据,而且通过促进跨部门、跨专业的协同作业,为行业革新提供了强大的支撑。当前,基础设施建设领域已全面拥抱数字化时代,着重于设计、施工、管理各环节数据的互联互通与共享,构建起了项目生命周期的有机管理体系。BIM 技术正是实现这一愿景的关键,它强化了数据的流动与集成,极大地提升了工程各阶段的作业效率,加速了决策过程,为公路工程行业的未来发展铺设了坚实的数字化基石。

4. 增强领域专业能力

BIM 技术可以扩大设计者的能力范围,使得设计人员更加全面地看待一个建设工程,有利于设计方案的制定,提高设计方案的独特性和实用性。

综上所述,BIM 技术应用于信息管理在建筑行业中将被大力推广。在未来的数年内,该技术有望成为企业和项目管理者的标配,提高行业效率、降低成本、优化建设工程全生命周期管理。

(二)BIM 技术信息管理将更加安全

BIM 技术应用于信息管理可以提高建设项目的信息安全性。BIM 技术在数据管理、信息

共享、多方协作等方面具有较大的优势,提高了建设项目信息的精准性和实时性,同时也有效地保护了项目信息的安全性。具体原因如下。

1. 信息共享及管理更为精准

BIM 技术可以帮助建设项目的信息管理人员更好地管理项目信息,全面掌握项目整个生命周期的数据。BIM 技术的信息管理模式具有完整性、一致性、高精度和实时性等优势,可以确保信息的安全性和完整性,有效降低信息丢失和泄露的风险。

2. 建筑项目多方信息协作能力提升

BIM 技术可以完善团队的协作机制,多方协作也更加便利,能够使得项目全员参与,避免信息不对称和不及时的情况,同时减少信息在传输过程中的漏洞,保障项目信息的安全性。

3. 数据信息备份及恢复更加可靠

BIM 技术支持项目信息的实时备份和恢复。数据备份独立于各个团队和人员,在项目信息出现意外丢失等突发事件时,可以通过数据恢复,从而保障建筑项目的信息安全。

4. 信息管理责任清楚

BIM 技术在信息管理方面不仅有利于各方信息共享和多方协作,还能够提高项目信息管理人员的责任感,信息的使用更有迹可循,对于信息管理的风险控制和追溯也更加可靠。

综上所述,BIM 技术应用于信息管理可以提高建设项目信息安全性,同时也能够保证项目信息的真实性、完整性、可靠性和安全性,减少信息管理方面的风险和危险,从而提高工程项目信息管理的质量。

(三) BIM 技术信息管理将更加专业

BIM 技术在路桥工程项目信息管理中的应用,正逐步朝着专业化、精细化的方向发展,这一趋势不仅提升了工程的专业水平,还深刻改变了项目管理的模式与效率。BIM 技术使公路工程项目信息管理专业化体现在以下几个方面:

1. 提高信息建模能力

BIM 技术可以为建筑项目提供一种基于数据和信息的设计构思模式,不仅简化了项目实施流程,也帮助相关人员更好地理解项目。通过 BIM 技术,项目的信息管理人员可以把整个建筑项目的信息建模更加精确、详细、可视化和易于理解。同时,随着 BIM 技术的普及,针对路桥工程的专业 BIM 培训课程和认证体系日益完善,提升了行业人员的专业技能和 BIM 应用能力。专业人才的培养,为公路工程项目的高质量实施提供了人力资源保障。

2. 改进信息协同能力

BIM 技术通过创建一个集成了设计、施工、运维等多专业信息的三维模型,促进了不同专业间的信息共享与协同作业。它打破了传统工程领域各自为政的局面,各方参与者可以共享信息、交互通信并完善协作流程,使得设计变更、施工调整等能够迅速沟通,确保了专业决策的准确性与及时性。

3. 提高信息更新速度

BIM 技术可以为项目的信息管理人员提供实时的信息更新,通过追踪信息变化,及时更新信息和数据模型,进而快速响应,保持项目数据和信息的完整性、一致性和精确性。

(四)BIM+新技术集成应用,助力工程信息管理高质量发展

由于 BIM 技术具有信息集成化、模型一体化、三维可视化模拟以及包容性、可拓展性等特点,往往成为信息技术集成应用的核心技术。BIM+新技术集合应用于信息管理可以极大地助力工程信息管理高质量发展。

目前,BIM 技术已从最初的单一应用逐渐转变向 BIM+新技术集成应用的方向发展。BIM 应用在工程建设行业不断向纵深发展,给行业的工作方式和工作思路带来了革命性的改变。具体如下。

1. AI(人工智能)技术

AI 技术被广泛应用于图像处理、语音识别、自动化和智能分析等领域,也可以应用于工程信息管理中。通过使用 AI 技术,信息管理系统可以通过自动分析和智能处理,更好地管理施工数据、合同、财务等信息,识别潜在风险和错误,并提供更准确的数据分析和可操作的洞察力。

2. IoT(物联网)技术

IoT 技术可以将传感器和其他设备连接到互联网,将收集到的数据存储在云端,以便实时监测设备和设施的情况和性能。应用于工程信息管理中,IOT 技术可以帮助信息管理人员实时监测设备、工程和施工现场的数据,通过实时监测和分析,更好地管理工程计划、优化施工流程和提高安全性能。

3. AR/VR(增强现实/虚拟现实)技术

AR/VR 技术可以帮助提高人员对工程项目的理解,促进工程管理人员和工人之间的沟通。应用于工程信息管理中,AR/VR 技术可以帮助信息管理人员更好地预测和理解工程进程和施工流程,提高工程项目的效率、质量和安全性能。

4. 区块链技术

区块链技术可以创建一个安全、不可篡改的数据库,有助于确保工程信息的安全性和数据完整性。应用于工程信息管理中,区块链技术可以帮助信息管理人员更好地保护工程项目的数据和信息,避免数据泄露和错误,并提高数据透明度和质量。

5. 其他技术

比如 BIM+GIS 技术助力公路设计施工信息化等。

综上所述,BIM+新技术集合应用于信息管理可以为工程信息管理提供更好的技术支持。

(五)BIM+信息化复合型人才培养继续加强

BIM+信息化复合型人才是未来发展的趋势之一,因此培养这方面的人才需要持续加强。

具体原因如下。

1. BIM技术应用越来越广泛

随着BIM技术应用的不断扩展,越来越多的行业内企业开展BIM应用,因此需要更多的BIM+信息化复合型人才来满足市场需求。

2. 信息技术与建筑业的融合

信息化技术在建筑行业的应用不断增加,要求从业人员不仅掌握建筑行业的专业知识,同时也需要具备跨学科、跨行业思维和知识背景,具有信息技术与建筑业的融合能力。

3. 人才队伍结构升级

当前,建筑行业人才队伍建设亟需转型升级。行业人才不仅要掌握扎实的技能,还应当具备广泛而深厚的知识底蕴,拥有跨领域协同工作的能力,以适应数字化时代的工作需求。

因此,BIM+信息化复合型人才培养应加强。通过学校与企业等多方合作,依据市场需求和人才培养规划,调整课程设置和教学内容,开展实践教学,提高学生的能力和素质,增强学生在建筑信息化领域的竞争力。同时,了解和学习新技术是不断开展自我学习和不断提高自身能力的关键,只有不断提高,才有可能成为市场所需的BIM+信息化复合型人才。

以交通类院校为例,目前已有众多院校将交通运输专业能力评价融入学生培养全过程,形成了"学历证书 + 交通运输专业能力评价证书"融合的应用型复合型人才培养方案,确保教学内容与行业实际紧密联系,从而提升毕业生的专业素养和就业竞争力。

第五章

BIM+新技术应用

BIM+是一项以 BIM 技术为基础,可多元化拓展其他信息技术,并利用数据格式进行统一整合,进而实现多场景功能一体化应用的综合技术,使 BIM 应用在工程建设行业不断向纵深发展,给行业的工作方式和工作思路带来了革命性的改变。本章将对 BIM+拓展应用进行介绍。希望读者们积极探索新技术与交通行业深度融合,持续推动行业高质量发展。

第一节 BIM+GIS

一、GIS 技术概述

地理信息系统(Geographic Information System,GIS)是在计算机软硬件系统的支持下,对地球表层空间中的有关地理分布数据进行采集、存储、管理、运算、分析、显示和描述的技术系统。GIS 借助于其特有的空间分析功能和可视化表达功能,能够将地理位置和相关属性数据有效融合在一起,进而准确且图文并茂地传递给使用者,辅助使用者完成各种决策。

二、BIM 与 GIS 集成应用优势

BIM 与 GIS 集成应用,是通过数据集成、系统集成或应用集成来实现的,既可以在 BIM 应用中集成 GIS,也可以在 GIS 应用中集成 BIM。GIS 解决了大范围空间的数据采集分析问题,而 BIM 解决了精细化的数据采集和管理问题。二者的结合发挥了各自优势,拓展了应用领域。目前,BIM 与 GIS 的集成应用在工程规划、交通分析、市政工程管网管理、数字防灾、既有建筑改造等诸多领域,与各自单独应用相比,在建模质量、分析精度、决策效率、成本控制水平等方面都有明显提高。

(一)立体化展现建筑信息和空间信息

BIM 和 GIS 技术各具特点,也各有其局限性。BIM 技术在地理位置、环境和空间地理信息分析上,都存在不足。而 GIS 技术可以完成构筑物的地理位置定位及其空间分析,更能完善大场景展示,确保信息的完整性和准确性。但 GIS 技术对某个工程项目模型本身的精度不够,无

法实现工程内部的碰撞检查和工程量分析等具体功能。因此,将 BIM 和 GIS 集成应用,可以实现二者的优势互补。比如,将建筑模型与地理坐标进行一一对应,可以实现建筑与地理信息相互关联,让空间数据得以更直观地展示在建筑信息中,进而提高建筑信息的完整性。

(二)提高工程全生命周期的工作质量和效率

1. 规划阶段

BIM 和 GIS 技术可以通过数据共享分析和可视化的方式,支持项目的决策和管理。通过 BIM 信息模型,可以实现建筑的规划分析和费用控制,并通过 GIS 技术对建筑物所处地理环境进行分析和管理,为规划和决策提供准确可靠的依据。同时,还可以通过模拟建筑物的基础设施和水文地质情况,进行建筑物运行的各种预测和模拟计算,更好地实现土地利用规划的精细化管理。

2. 设计阶段

BIM 和 GIS 技术可以利用激光扫描、无人机扫描等高精度地理测量技术,在不影响建筑物使用的情况下对其进行快速三维建模和扫描,可极大地节约现场测量和绘图的时间,减少对现场环境的影响,从而提高设计效率和精度。同时,BIM 和 GIS 技术还可以有效整合设计资源和后续施工建设工作,从而提高设计方案的质量、可靠性和可持续性。

3. 施工阶段

一是碰撞检查。BIM 技术集成 GIS 技术后,可将建筑物实景、三维模型和现场环境等信息连成一体,能为施工团队提供实时检查建筑模型中各部分之间的冲突。二是进度控制。BIM 技术可以生成三维数字信息模型,从而可以更加准确地预测施工时间,识别进度问题,并使现场状况与计划之间的变更得到更加严密和及时的管理。同时,GIS 技术还可以在地理信息方面提供施工场所的环境细节,能够方便施工团队灵活地做出相应调整。

4. 运营维护阶段

依托 BIM 与 GIS 技术可以集成开发出具有精细化模型信息且融合空间地理信息的智慧运营维护管理平台。该平台可为工程建立数字化、信息化"档案",并可实时获取工程基础信息数据和状态监测信息,为运营、维护工程提供实时数据支撑,从而提高工作效率和管理水平。

(三)提高工作协调性

BIM 与 GIS 技术的集成应用可以提高工作协调性,使得相关人员之间的沟通更加顺畅、有效,从而能更好地协同工作。通过 BIM 和 GIS 技术的集成应用,可以建立一个更为全面、完整的信息网络,其中包括清晰的构件位置、属性信息和历史维护文档等,这使得所有相关人员可在同一个三维数字模型上查看构件信息,协调工作任务和时间。此外,通过共享 BIM 和 GIS 信息库,团队成员可以实时访问数据更新和最新信息,从而更好地分配任务和管理资源,进而提高整个团队工作的协调性。

三、BIM 与 GIS 集成应用障碍

BIM 和 GIS 的整合是一项复杂的任务,尤其是在数据标准建设、结合方式选择以及协同平台构建等方面。主要体现在以下几个方面。

(一) 数据标准问题

BIM 和 GIS 在数据模型、空间坐标、数据格式和属性信息等方面存在不同的标准,导致了两者之间的数据无法直接兼容。在 BIM 领域,由于不同软件采用的数据标准不同,经常出现数据不匹配的问题;在 GIS 领域,数据标准也相当复杂。目前市场上存在众多 GIS 软件,它们之间的数据格式和标准各异。因此,在 BIM 与 GIS 的集成中,实现数据标准和模型之间的统一映射是一个复杂的过程。这需要工程技术人员密切合作,根据各个软件的标准和需求进行数据格式转换,以确保两个数据源之间的互操作性,从而使 BIM 和 GIS 技术的集成应用更加顺畅高效。

(二) 数据存储问题

BIM 和 GIS 数据在存储方面有着不同的需求。BIM 数据通常涉及大量的三维(3D)模型,而 GIS 数据需要处理海量的地理空间数据,两者数据存储方式存在较大差异。此外,数据存储的空间也有差异。GIS 使用空间数据库,具有明确的点、线、面、体功能划分和各自的属性。空间数据库可存储的数据量巨大,以 TB 甚至更大的存储单位计,且有强大的分级优化功能。而 BIM 则使用文件系统存储数据,其存储空间相对较小。因此,在 BIM 和 GIS 集成应用中,数据的存储成为一个不可忽视的问题。

(三) 缺乏集成应用的标准和规范

从技术角度来看,GIS 技术能够增强 BIM 在工程行业的应用能力并拓展其应用领域。然而,目前国内 BIM + GIS 技术的应用仍处于探索阶段,应用环境尚不成熟,尚未达到普及应用的程度。此外,缺乏广泛适用的针对 BIM 和 GIS 技术集成应用的规范和标准,这限制了 BIM 与 GIS 技术的集成应用发展,需要进一步推动相关标准化工作以促进其更广泛的应用。

四、BIM 与 GIS 集成应用实例

应用实例 1:京雄高速公路某工程。

京雄高速公路某工程推进智慧高速公路试点建设,以 BIM + GIS 为基础,应用先进互联网 + 、大数据、云平台等技术,实现了工程资料线上填报及审批的无纸化和人脸识别及定位技术,构建了科学的高速公路建设全生命周期综合管理体系,实现了降低管理成本、提高效率、管控质量的目标。

应用实例 2:京德高速公路某工程。

京德高速公路某工程是河北雄安新区"四纵三横"区域高速公路网的重要组成部分,该项目依托"BIM + GIS"技术,创建了建设运维全寿命智能管理平台,对高速公路建管养运全过程实行标准化管理。项目从现场视频实时上传、进度报表的输入上报到资料文件的审批,每一步

都可以通过平台完成,实现了项目全过程一体化管理、标准化管控,提高了工作效率,有效保证了质量和工期。

应用实例3:常祁高速公路某桥梁工程。

作为常祁高速公路关键控制性工程,该桥应用了基于"BIM + GIS"的公路精益建造管理云平台,以安全、质量、设计、进度、技术、成本、监控控制为基本模块,将施工监控、现场监理、工程指令等业务在程序中集成,实现了业务与模型的对应关系,从而达到监管现场动向的效果。

此外,该工程还将BIM应用于辅助智慧建造,例如智能张拉仪器与BIM模拟建立了关联,可自动判断压浆饱满程度,实现了多种高新技术之间的"强强联合"。根据测算,这套管理平台可减少材料浪费30%以上、降低施工成本10%左右、提升管理效率10%左右。

五、BIM与GIS集成应用趋势

BIM与GIS技术的集成应用是工程建设信息化、智能化的必然趋势。主要体现在:

(1)技术深度融合。随着BIM和GIS技术的不断发展,两者在理论、方法和应用上的交叉和融合将逐渐深入。这种深度融合将有助于更有效地管理和优化工程项目,特别是在大型和复杂的工程中。

(2)数据交互与共享。BIM和GIS的集成将促进数据的交互和共享。通过统一的数据标准和交换格式,可以实现BIM和GIS数据之间的无缝交换,从而提高数据利用效率和项目协同效率。

(3)智能化决策支持。结合人工智能、云计算和大数据等先进技术,BIM与GIS的集成可以为项目决策提供更加智能化、科学化的支持。通过对大量数据的挖掘和分析,可以更好地预测和应对项目中的各种风险和问题。

(4)拓展应用领域。BIM与GIS的集成不仅限于传统的建筑和土木工程领域,还将进一步拓展到城市规划、环境监测、公共安全、交通管理等众多领域。这种跨领域的集成应用将为社会发展和公共管理带来更多创新和价值。

第二节　BIM + VR

一、VR技术概述

虚拟现实技术(Virtual Reality,VR)是一种多源信息融合、交互式的三维动态视景和实体行为的系统仿真技术。虚拟现实技术主要依靠计算机图形学、传感器、定位和跟踪技术,以及头戴显示器、手柄等外部设备,使用户沉浸到生成的虚拟环境中。

虚拟现实技术的特性可以简单概括为"3I",即沉浸感(Immersion)、交互性(Interaction)和想象性(Imagination)(图5-1)。随着计算机软件系统和硬件系统的不断发展,虚拟现实技术也有了越来越广阔的应用空间。虚拟现实技术被广泛应用于教育、医疗、建筑、娱乐等各个领域。

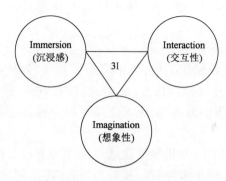

图 5-1 虚拟现实的特性

二、BIM 与 VR 集成应用优势

BIM 技术的发展使 VR 技术的实现变得简易可行。同时,VR 技术作为 BIM 技术的附加功能,进一步加强了 BIM 技术的实时性、交互性和可视化程度。BIM 与 VR 集成应用优势主要体现在以下三个方面。

(一)提高安全管理水平

安全生产工作是交通运输工程优质建设、高效推进的保障,是衡量建设管理水平的重要标准。BIM + VR 技术能有效提升交通运输工程安全管理水平。

一方面,管理人员可以使用 BIM 模型结合进度、费用计划合理规划布局、模拟施工过程,在施工前发现坠落、碰撞等安全隐患,及时优化施工方案或者制订安全应急措施来控制安全风险。

另一方面,施工中和施工后可以使用 BIM 协同管理平台进行有效的可视化施工动态安全管理。一线工程技术人员仅需一部智能手机,就能将现场发现的安全隐患或施工问题上传平台,能够实现"指尖"发现问题、"云端"分析问题、"智慧"解决问题,有效提升工程安全管理水平。

此外,BIM + VR 技术还可以提升安全教育效果。传统施工安全教育多采用口头化、书面化的形式,对现场施工人员来说大多晦涩难懂。BIM + VR 技术以虚拟可视化和信息交互化等独有优势,能让安全教育更加可触可感,从而有效提升安全教育效果,规范从业人员操作流程,提升从业人员安全事故避险、急救等技能。

(二)提高工作质量和效率

传统施工技术交底通常以文字描述为主,施工人员以口头形式对工人进行交底,交底过程中容易出现沟通不畅甚至理解错误的情况。工人一旦理解错误,就有可能影响工程质量和进度,对工程极为不利。将 BIM 模型集成至 VR 虚拟场景中,即可形成覆盖全专业的、包含构件各种信息的三维数字模型。基于该模型,能够进行高效、直观可视化的技术交底。同时,VR 虚拟场景还可以动态展示施工工艺过程,加深工人对工艺以及规范的理解和记忆,减少错误理解而造成的错误施工。此外,BIM + VR 技术还支持多视角观察施工模拟和碰撞检查,能够高效检测出施工图纸上的错误、不合理之处和潜在冲突,进而提升工作质量。传统管控方式与 BIM+VR 质量管控方式对比见表 5-1。

传统管控方式与 BIM+VR 质量管控方式对比 表 5-1

项目	传统管控	BIM+VR 质量管控
质量依据	经验和纸质图纸	经验和纸质图纸+BIM5D 模型
人员的质量意识	行业门槛较低,质量意识淡薄	行业门槛较高,质量意识提高
变更的应对能力	过程比较复杂,易出错	过程简单易懂
文件的查阅及存档	要查看多张图纸,纸质存储	BIM5D 模型数字化存档
质量密度	较粗略	精确
控制方式	主要为事后控制	主要为事前事中控制
信息流通	烦琐复杂	通畅
管理效率	普遍较慢	迅速及时
决策支持	有时会误导决策	可靠性高

(三)提高工作协调性

将 BIM 模型按构件划分施工段,并和进度计划进行关联,即可在 VR 虚拟场景中进行施工进度和费用模拟。施工前可按照日、周、月等时间单位进行模拟,分析不同施工方案优劣,得出最佳施工方案,同时,它有助于明确施工的关键节点,从而实现施工前的有效预控。施工中可将实际进度与计划进度对比,一旦出现偏差,及时预警。此外,各专业人员在同一平台观察三维数字模型,也能发现不合理之处,及时协调设计、施工、造价人员等查明原因,督促其进行方案优化和项目人员调整,确保整个项目处于事前预控、事中控制和事后纠偏的可控状态,有效提高工作的协调性。

三、BIM 与 VR 集成应用障碍

BIM+VR 技术能够为工程领域带来巨大的变革和利益,但由于在国内 BIM 技术的应用环境还没有完全成熟,VR 技术应用成本还处于较高水平,技术瓶颈依旧存在,所以具体到工程领域,BIM+VR 技术还存在着一些问题和障碍。主要体现在以下几个方面:

(一)BIM 模型精度和数据量问题

BIM 模型的精度直接决定了 VR 技术的应用效果。如果前期建立的 BIM 模型精度不够,是无法达到预期的效果的。然而,BIM 模型的精度往往和时间成本相关联,因此,目前 BIM 模型精度仍然是一个不可避免的问题。

此外,还有 BIM 模型数据量的问题。BIM 模型可以包含海量信息,如果想要在 VR 中精确还原所有细节,需要对数据进行削减和改进,否则 VR 环境稳定性和流畅性将受到影响。

(二)数据标准不统一

BIM 软件之间,软件不同版本之间存在差异,VR 软件也存在同样的问题。虽然有许多通用的文件格式可供选择,但要保证不同来源的数据格式之间无缝拼合,还需要适当的处理和转

换,这也增加了集成的难度。

(三)缺乏集成应用的标准和规范

从技术的角度来看,VR 技术能够加强 BIM 在交通运输行业的应用能力,更加显著地提升 BIM 技术的使用范围。但目前国内 BIM+VR 技术的应用还处于探索阶段,应用环境还不够成熟,尚未达到普及应用的程度,同时也没有 BIM+VR 技术集成应用的标准和规范。

(四)VR 硬件方面的限制

VR 头显、触摸手柄等设备本身就存在硬件限制,无法完全模拟人体的反应。此外,VR 硬件设备的价格还比较昂贵,增加了企业投入建设 VR 环境的成本。

四、BIM 与 VR 集成应用实例

应用实例 1:京张高速铁路某地下暗挖车站。

京张高速铁路某地下车站轨面最大埋深 102m,旅客垂直提升高度达到 62m,两端过渡段隧道最大开挖跨度 32.7m,最大开挖断面面积 494.4m^2,是世界上最大的地下暗挖高速铁路车站。

该项目基于 BIM 与 VR 技术解决了沉浸式疏散演练场景构建关键技术难题,实现了乘客视角高精度虚拟现实救援疏散演练,实现了三维沉浸式疏散演练与培训。其中,疏散场景的开发加入了路径规划和人员实时定位记录功能,可用于测试最优路径能否满足安全疏散时间要求,为实际疏散路径的规划选择提供了参考。

此外,该项目利用工程建设期开发的 BIM 模型,深度开发 BIM+VR 疏散演练系统,不仅可以节支降耗,提质增效,而且有利于提高运营期安全管控水平。

应用实例 2:山东高速济南某项目。

山东高速济南某项目是山东省"九纵五横一环七射多连"高速公路网中"横二支线"的重要组成部分。该项目设置了安全生产管控中心,配备了 VR 体验馆、触电体验区、危险品信息及安全操作规程展示等,可系统化管理现场施工人员,为安全培训、安全教育等提供平台。

应用实例 3:南京长江某斜拉桥。

南京长江某桥主桥采用三塔斜拉桥结构,该项目有结构种类多、预制结构多、地理和现场环境复杂、与城市现有道路交互多等特点。根据该桥设计、施工过程中的难点、痛点,项目初期就明确了在项目各阶段运用 BIM 技术:以 BIM 信息模型、协同管理平台为"实",施工模拟、VR 展示为"虚"的虚实结合方式,来解决项目各阶段、不同需求中的实际问题。具体体现在:

一方面,项目利用相同引擎,开发了适用于 VR 设备的虚拟交互展示平台。利用虚拟驾驶、天气变化等场景,模拟项目在真实环境中的使用情况,让业主和施工方身临其境地对项目整体有直观的感受,检查项目是否与周边环境契合、是否美观。也可以通过这种直观的审视,发现空间上存在的问题。提前解决一些显而易见,却又不能在图纸中看到的错误。

另一方面,为实现对于主桥部分的施工工序的模拟,项目针对模型体量大、结构形式多的特点,对部分模型进行简单化设计。之后使用四维(4D)施工模拟软件,对优化后的模型进行施工模拟。对周边地形地貌,使用数字地球(GIS 地理位置信息+卫星图片)上的数据,快速建

立轻量化模型,一并导入软件内。从而实现了较为真实的项目整体漫游、钢结构局部漫游、施工模拟、内建VR体验等内容,指导了施工,优化了工序。

五、BIM与VR集成应用趋势

BIM与VR集成应用是未来工程领域重要的发展方向,它们的结合可以提升工程设计、施工、运营及维护的效率和质量。

未来,BIM与VR集成应用会更加注重数字化建模、工程仿真、决策支持、沟通协同、智能化分析和可持续性等方面的发展,同时围绕数字化、信息化和网络化等趋势,不断拓展BIM与VR集成应用的广度和深度,实现工程安全、生产效率和成本控制等全方位提升,推动工程行业的现代化、智能化和可持续化发展。

第三节 BIM + IoT

一、物联网技术概述

物联网(Internet of Things,IoT)是通过射频识别、红外感应器、全球定位系统、激光扫描器等信息传感设备,按约定的协议将物品与互联网相连进行信息交换和通信,以实现智能化识别、定位、跟踪、监控和管理的一种网络。

物联网的发展与互联网是分不开的,主要有两个层面的含义:第一,物联网的核心和基础仍然是互联网,它是在互联网基础上的延伸和扩展;第二,物联网是比互联网更庞大的网络,其网络连接延伸到任何的物品与物品之间,这些物品可以通过各种信息传感设备与网络连接在一起,进行更为复杂的信息交换和通信。

所以从技术上看,物联网是各类传感器与现有的互联网相互衔接的一种新技术,它不仅仅只与网络信息技术有关,还涉及现代控制领域的相关技术。一个物联网的构成融合了网络技术、信息技术、传感器技术、控制技术等各个方面的知识和应用。物联网的概念模型如图5-2所示。物联网技术特征见表5-2。

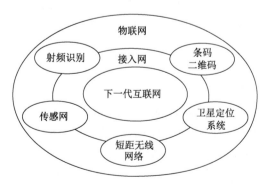

图5-2 物联网概念模型

物联网技术特征　　　　　表 5-2

序号	特征	概述
1	全面感知	感知是物联网的核心。感知是对客观事物的信息直接获取并进行认知和理解的过程。人们对于信息获取的需求促使其不断研发新的技术和设备来获取感知信息,如传感器、射频识别技术、定位技术等
2	信息传递	利用有线或无线传感技术,对现场监测数据进行分析与传输。数据传递的稳定性和可靠性是保证物与物、物与网等相连的关键
3	智能处理	利用各种算法,对监测数据进行处理与分析,对监测数据进行可视化展示,实现数据与人的良好交互

目前,物联网技术已被广泛应用于智能交通、环境保护、公共安全、智能消防、工业监测、机械制造等多个领域。

具体到实际工程中来看,物联网技术就是将感应器嵌入和装备到铁路工程、公路工程、水运工程、建筑工程、水利工程、管道工程等各种工程构件中,并将物与现有的互联网整合起来,实现人类社会与物理系统的整合。在这个整合的网络中,存在一个能力超级强大的中心计算机群,能够对整合网络内的人员、机器、设备和基础设施实施实时的管理和控制。这使得人们能够以更加精细和动态的方式进行生产和生活,达到智慧化水平,从而有效提高资源利用率和生产力水平。

二、BIM 与 IoT 集成应用优势

BIM 与 IoT 技术集成应用,实质上是建筑全过程信息的集成与融合。BIM 技术发挥上层信息集成、交互、展示和管理的作用,而 IoT 技术则承担底层信息感知、采集传递、监控等功能。二者集成应用可以实现建筑全过程"信息流闭环",实现虚拟信息化管理与实体环境硬件之间的有机融合。目前,BIM 与 IoT 技术集成应用主要集中在施工和运维阶段。BIM 与 IoT 集成应用优势,主要体现在以下几点:

(一) 便于人员信息管理

使用 BIM + IoT 技术和基于 IoT 的硬件设备(如智能安全帽、人脸门禁等),一方面能对施工人员进行实名制登记、电子考勤,为施工现场人员管理提供数据基础。另一方面还能通过平台对施工用工数据进一步分析。BIM + IoT 技术通过对不同阶段施工人员出勤数据的客观分析,找出劳动力投入的不足,提高工效。

(二) 便于材料信息的管理

在材料生产过程中,植入 RFID(Radio Frequency Identification)超高频标签,并将生产质量参数、人员设备等相关信息写入标签,以确保后续的溯源能力。结合 BIM 模型赋予每个材料唯一的身份标识,并将该唯一的身份标识和相应的安装位置、安装条件写入预制件的植入射频标签中,以便进行数字化安装、建设,可以减少错存、错放、错误安装和施工安全事故的概率,缩短施工周期,并且可以有效削减施工和运维成本。此外,通过这一措施,我们可以为每个材料构建一个全面、完整且可追溯的数据库。随着建设和运维阶段的不断推进,这个数据库将累积

大量的信息,包括结构设计、材料详情、施工过程、结构静动力特性、损伤病害以及养护维修等关键数据。通过智能分析、大数据处理等手段,该数据库可为工程全生命周期内的健康状态和承载能力评估提供数据支撑。

(三)进行有效的事前安全监测预警

在工程建设阶段。BIM 与 IoT 的集成应用能够实现有效的事前安全监测预警。这种集成将传统的被动式监测预警方式转变为主动的事前预防,从而实现工程施工安全状态的全时化、自动化监测与预警。例如,在 BIM 模型的基础上基于 IoT 技术的支持,可以对不同的监测对象选取针对性的传感器,利用传感器对工程施工现场信息进行实时采集,并通过无线通信技术进行传输。技术人员通过对监测数据进行科学的处理与分析,可以实现将工程施工监测预警中的事后处理变成事前预防。

(四)进行有效的事中事后安全管理

在工程建设阶段。二者集成应用可进行有效的事中事后安全管理。比如高处作业人员的安全帽、安全带、身份识别牌上安装的无线射频识别,可在动态安全管理平台上实现精确定位,如果作业行为不符合相关规定,身份识别牌与 BIM 系统中相关定位会同时报警,管理人员可精准定位隐患位置,并采取有效措施避免安全事故发生。

三、BIM 与 IoT 集成应用障碍

如今,在数据标准的建设、BIM 与 IoT 的结合方式以及 BIM、IoT 与协同平台的整合等方面仍存在一些障碍。这些障碍具体表现在以下几个方面:

(一)数据标准问题

BIM 和 IoT 设备的数据类型、格式和存储方式不同,因此在集成应用过程中需要将这些数据整合,并且需要跨平台和跨系统进行数据共享和传输,这可能会增加数据整合的难度。

(二)设备兼容问题

BIM 和 IoT 设备可能采用不同的协议和通信方式,导致在集成应用过程中遇到设备协议不兼容问题。这可能需要使用中间设备或网关,使不同协议的设备之间能够通信。

(三)安全和隐私问题

在 BIM 和 IoT 集成应用中,特别是在数据共享和跨平台传输时终端设备的数据安全和隐私会受到威胁。因此,必须注意在集成应用中加强数据保护和隐私保护。

(四)缺乏集成应用的标准和规范

从技术的角度来看,IoT 技术显著增强了 BIM 在工程行业的应用能力,并拓展了其应用领域。然而,目前国内 BIM 与 IoT 技术的集成应用仍处于探索阶段,应用环境尚未成熟,普及程

度有限。此外,当前还缺乏针对 BIM 和 IoT 技术集成应用的广泛适用的规范和标准。

四、BIM 与 IoT 集成应用实例

应用实例 1:江苏靖江某长江大桥。

该项目横跨长江主航道,综合运用大数据、物联网等先进数字化技术,积极整合优势资源,推动协同创新。通过智能化建造、智慧化管控和数字化模拟,该项目致力于推动施工向智能化、自主化、集成化方向发展,并建立了新一代的桥梁工程智能建造体系。这一示范工程以多目标、全要素为特点,展示了智能建造的最新成果。

其中,节段梁高精度智能拼装通过机器视觉及自动化技术与架桥机装备的深度结合,实现梁段的自动抓取,引导构件初定位,指导构件进行姿态调整,显著提升架设现场自动化水平。运用 BIM + GIS + IoT 技术,将架桥机运行状态、架设状态、运梁及架梁轨迹、局部关键施工步骤进行三维可视化展示,实现架设场景数字孪生。

应用实例 2:重庆某特大桥工程。

该项目以 5G(第五代移动通信技术)通信、云计算、大数据、物联网、智能控制为基础核心技术,针对该桥长期性能演变与建设、运营安全问题,建成综合考虑桥梁施工监控-成桥荷载试验-运营期健康监测一体化的数字桥梁管理平台,无缝衔接桥梁建管养运全过程,实现在线感知、监测、识别、评定和实时预警桥梁荷载与环境作用、结构响应、结构性能、结构状态与安全水平。

在桥梁建设期间埋设长寿命免维护智能传感器,避免后期布设损伤桥梁结构。对温度、湿度、风场等环境参数、汽车、轮船撞击、地震等荷载作用、钢结构与混凝土应力及裂缝、主梁变形、主缆及桥面线形、缆索索力、塔柱偏位、基础沉降等结构力学响应,以及振型、阻尼等动力特性参数的瞬时增量和累积全量进行实时监测。为掌握桥梁长期性能演变规律提供完善的结构响应原始数据,采用 5G 通信无线传输存储数据、图像与视频,结合 IoT 技术在 BIM 综合管理平台上实现桥梁安全评估与实时预警。对灾害全程记录并及时响应、快速生成分析报告,可显著提升大型缆索桥梁建造质量和运营管理水平,提高桥梁承载能力评估与安全预警的科学性,有效提升桥梁工程品质,保障施工与运营安全。

五、BIM 与 IoT 集成应用趋势

BIM 与 IoT 的深度融合与应用是未来建设行业信息化发展的重要方向之一。未来建筑智能化系统,将会出现以 IoT 为核心,以功能分类、相互通信兼容为主要特点的建筑"智慧化"控制系统。以下是 BIM 和 IoT 集成应用的趋势:

(1)智能感知与预测。随着应用智能感知技术,BIM 和 IoT 将可以通过更加先进的传感器等设备来收集环境和结构等方面的数据,同时从大量的数据中提取有价值的信息进行分析和预测。这对于条件监测、后续改善提供了针对性的解决方案。

(2)移动端的扩展。随着移动终端技术的发展,工作人员可以将 BIM 和 IoT 系统应用到智能手机、平板电脑等移动设备中,以便在任何时间和地点获取信息以及参与工作。

(3)智能维护和管理。通过 BIM 和 IoT 技术,可以实现精准控制和智能化的维护和管理,

将会推动更多的自动化和智能应用,进而提高整体工作效率。

总之,BIM 与 IoT 的深度融合与应用,势必助力工程建造向智慧建造迈出坚实的一步。

第四节　BIM + 云计算

一、云计算技术概述

云计算(Cloud Computing)是基于互联网的相关服务的增加、使用和交付模式,通常涉及通过互联网来提供动态易扩展且经常是虚拟化的资源。它大量使用分布式计算机,而非本地计算机或远程服务器,企业数据中心的运行与互联网更相似。这使得企业能够将资源切换到需要的应用上,根据需求访问计算机和存储系统。

云计算具有规模大、虚拟化程度高、可靠性高、通用性强、经济性强等特点。云计算的基本原理如图 5-3 所示。

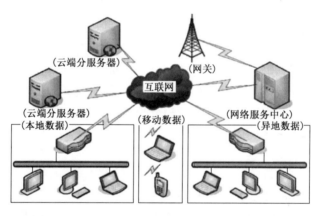

图 5-3　云计算的基本原理

二、BIM 与云计算集成应用优势

BIM 与云计算集成应用,是利用云计算的优势将 BIM 应用转化为 BIM 云服务,目前已经有不少企业进行了相关的尝试,并且已有一些初步的成果。BIM 与云计算集成应用优势,主要体现在以下几点:

(一)提高计算效率

区别于单机存储和计算的体系,云计算调用了互联网各个计算终端强大的计算能力,可将 BIM 应用中计算量大且复杂的工作转移到云端,从而大幅提升计算效率。云计算技术的快速发展推动了 BIM 技术的进步,可实现很多超大型工程项目一次性完整建模,这在传统的工作站模式下是很难完成的。

(二)提升存储空间

BIM数据的存储量很大,需要足够的存储空间来保存并管理数据。云计算平台可以通过分布式存储技术提供大容量的存储空间,而且还能够灵活地扩展存储空间的容量,以适应不断增长的BIM数据需求。

(三)提升数据安全性

首先,云计算提供了强大的数据存储和备份能力,确保BIM数据即使在本地设备发生故障时也能得到保护。同时,云计算服务商通常会采用先进的加密技术,确保数据在传输和存储过程中的安全。其次,通过云计算平台,可以实现对BIM数据的细粒度访问控制和权限管理。这意味着只有经过授权的用户才能访问特定的数据,从而大大降低了数据泄露的风险。此外,云计算还能提供实时的安全监控等功能,帮助用户及时发现并应对潜在的安全威胁。这些功能共同构成了BIM与云计算集成应用在提升数据安全性方面的优势。

(四)提升移动应用能力

云计算让BIM技术延伸到施工现场,用户可通过移动设备随时访问云服务获取数据和服务。目前,我们看到的各种移动端管理应用程序,或多或少都在云计算方面有其相应的应用。云计算使得BIM模型在移动端能够轻量化展示,便于现场快速浏览、管理和沟通。此外,利用移动终端的拍照、视频、语音、定位等功能,施工现场的信息也能被及时采集并与BIM模型进行集成,从而在数字模型与物理模型间建立一条链路,这也为BIM模型在施工现场的应用创新提供了更多可能性。

(五)便于多方协同工作

云计算在BIM中的应用为不同公司、不同地区的各个参与方创建了一种非常高效的合作模式,这将对BIM技术在中国的快速推广发挥重大作用。云计算为BIM模型信息的多方共享与协同工作提供了基础环境。通过在云端创建虚拟的项目环境并集中管理项目的BIM模型数据,项目各方能够安全、受控和对等地访问保存在云端虚拟项目环境中的模型文档和数据,并在各参与方之间实现构件级别的协同工作。此外,云计算的"多租户"机制支持多项目运行,使得各参与方能够基于统一的平台同时参与多个项目,并避免项目之间的相互影响。

三、BIM与云计算集成应用障碍

尽管BIM与云计算的集成应用带来了诸多优势,但在实际应用过程中也面临一些挑战和障碍,主要体现在以下几个方面:

(一)网络条件问题

云计算技术让用户能够摆脱环境的限制,在施工现场也能及时获取、使用BIM模型,但前提是具有稳定畅通的网络环境。然而,目前我国部分施工现场位于偏远山区,联网条件较差,还不具备稳定使用云计算技术的基础条件。

(二)数据隐私问题

我国云计算产业尚处于发展初期,相应的配套机制和管理体制还不够完善。因此,行业用户对于云服务的安全性和隐私性存在一定的顾虑。

(三)缺乏集成应用的标准和规范

从技术的角度来看,云计算技术能够加强 BIM 在工程行业的应用能力和拓展应用领域。但目前国内 BIM + 云计算技术的应用还处于探索阶段,应用环境还不够成熟,尚未达到普及应用的程度,目前尚缺乏可以广泛适用的针对 BIM 和云计算技术集成应用的规范和标准。

四、BIM 与云计算集成应用实例

应用实例1:深中通道。

深中通道是继港珠澳大桥之后,集"桥、岛、隧、水下互通"四位一体的又一世界级跨海集群工程。该项目在施工阶段通过应用 BIM 技术,减少了人工计算带来的误差,以及人工采集、处理数据工作的繁杂。通过自动采集数据,融合 IoT、云计算、大数据等技术,对工程结构施工进行实时监测、海洋环境实时监测,实现了信息化施工管理,助力大型悬索桥施工精益管理,提升了项目管理水平。

应用实例2:仁遵高速公路某特大桥。

该特大桥为 410m 大跨径钢管混凝土拱桥,该桥在三维数字模型创建完成后,以三维模型为载体,利用互联网、大数据、云计算以及多终端技术,研发了山区特大跨径 BIM 协同管理平台,将相关编码信息附加到模型上,并将模型属性与模型编码数据进行一一关联。模型属性包含模型的相关信息,例如模型的二维图纸,工程、质量及工序报检信息,安全问题整改信息,以及班前教育情况。将属性与编码进行关联后,点击模型对象即可弹出属性信息,方便用户查阅。在编码与构件一一对应的情况下,开发了钢结构智能制造可视化管理、质量安全管控、施工监控可视化数据查询等功能模块。

应用实例3:南沙大桥。

以南沙大桥全生命周期的信息融合和业务协同为基础,综合利用移动互联网、大数据、云计算、BIM 等信息技术,提供数据采集、桥梁巡检、养护管理、辅助决策等服务,为管理者提供科学养护决策依据。

移动巡检终端的核心功能为数据采集(主要是执行巡查、经常检查、定检等任务)、应急管理、信息查询、任务发布和人员管理等。针对养护管理方面,可查看大桥结构化信息数据库,实现构件历史信息实时查询、病害信息与构件自动关联更新、病害实时比对以及质量溯源;在实现养护检查协同方面,可实现原位快速采集数据、巡检数据实时上传、离线存储、与 Web 同步形成养护小闭合、巡检路线自动记录和二维码定位构件。

BIM 在南沙大桥项目建设及运营养护两大阶段的应用试点,成果显著,但仍然需要不断探索、不断完善。

五、BIM 与云计算集成应用趋势

云计算技术为 BIM 技术的发展解决了硬件资源限制的问题,使得 BIM 技术能够快速地融入信息量大、复杂程度高的建设工程领域,提高信息处理的能力和效率,实现信息的实时更新,云计算能够将 BIM 能力延伸到施工现场,云计算能力的发展为 BIM 的后续应用带来无限的可能性。理论上只要云计算能力足够强大,同时网络环境成熟稳定,我们就能够在现场环境下进行功能更为复杂、数据量更大、现场表现更优秀的 BIM 工程应用。BIM 与云计算的集成应用方案拥有广阔的市场前景,必定会成为 BIM 技术在建筑领域蓬勃发展的强大驱动力。

第五节　BIM + AR

一、AR 简介

增强现实技术(Augmented Reality,AR),是一种实时地计算摄影机影像的位置及角度并加上相应图像的技术,其目标是在屏幕上把虚拟世界套在现实世界并实现互动。该技术能将真实世界信息和虚拟世界信息"无缝"集成起来,把原本在现实世界的一定时间和空间范围内很难体验到的实体信息(视觉信息、声音、味道、触觉等),通过计算机等技术,模拟仿真后再叠加,将虚拟的信息应用到真实世界,被人类感官所感知,从而达到超越现实的体验。

AR 的特点在于真实世界和虚拟世界的信息集成、实时交互性以及在三维尺度空间中增添定位虚拟物体。与 VR 让用户完全沉寂在虚拟环境中不同,AR 是将计算机生成的虚拟物体、场景或系统提示信息无缝地融合到用户所看到的真实场景中。此外,比起 VR,AR 对设备的要求相对较低。VR 以往需要特定的设备及头盔才能实现,但 AR 借助显示设备甚至是一部手机即可对真实世界进行景象增强显示。

二、BIM 与 AR 集成应用优势

BIM + AR 的集成应用综合了 BIM 技术的可视化、集成化、参数化优势以及 AR 技术真实性强、实时交互性的特点,使得虚拟的 BIM 模型真实性更强,充分发挥了 BIM 模型实实在在指导施工的作用,是一种新型的集成应用形式,对于解决复杂施工问题有独特的技术方法,在勘察设计、施工等领域有着广阔的应用前景。具体优势主要体现在以下几点:

(一)可视化模拟

基于 AR 技术的特点和优势,BIM + AR 的集成应用能够实现施工前的计划检查,即通过 BIM 和 AR 技术的可视化特点,进行施工前设计方案和施工方案的可行性检查和分析,减少返工,避免方案不可行导致的工程延期,以及人力、物力资源的浪费。

(二)提升安全教育效果

BIM + AR 的集成应用还能提供施工前的培训和教育,从施工方法培训到安全教育等多方

面指导建设施工,针对关键的质量控制点,提取相应构件的 BIM 模型信息对施工工序进行模拟并制成相应的模拟动画,然后借助 AR 技术将三维模型或模拟动画等呈现给参加培训和教育的人员。

此外,在施工过程中,如果工人对某项工艺过程存在困惑,工人可通过佩戴装配有 AR 技术的可穿戴设备直观地观察施工现场具体部位的施工方式和施工过程。将三维模型或施工动画等呈现在工人眼前从而指导施工,实现工人的辅助作业,这种边指导边施工的方法具有良好的视觉效果和用户体验,有利于工人准确、高效地完成工作。

(三)提升质量检查效果

BIM + AR 的集成应用能够为施工后的质量检查提供参考。

一是 AR 技术的应用可以将虚拟信息和现实环境融合在一起,将设计的想法与实物巧妙地结合在一起,实现实时跟踪和检查。质检人员可以利用 AR 技术来检查建筑工程的具体细节,手持 AR 设备进入工地,将考察点的建筑物与 BIM 模型叠加,直观地察觉出模型中可能会隐藏的问题。

二是 BIM + AR 的集成应用可以实现数据和质量检查清单的动态更新、整理和反馈,协调各方单位进行质量检查,减轻质检人员的负担,提高验收效率。

三是 BIM + AR 技术与其他工具的结合,形成数据建模、空间跟踪、质量检查等多种功能,为整个建筑工程提供全面的技术支持。同时,BIM + AR 技术可以将现场数据通过云端传输,延展数据和服务,方便和加速信息共享和决策,最终实现工程质量的提升和问题的及早发现。

(四)为后期项目运维、改造等提供可靠的支撑

例如在室外管线覆土施工区域以及室内吊顶等隐蔽工程施工完成后,结合 BIM + AR 技术,将模型叠加至现场,可清晰呈现现场的隐蔽工程位置,为后期项目运维、改造等提供可靠的支撑。

三、BIM 与 AR 集成应用障碍

BIM 与 AR 集成应用障碍主要体现在如下几个方面:

(一)技术成熟度较低

目前,BIM 及 AR 技术的发展还比较初级,特别是二者集成应用的技术成熟度还不高,还需要更多的技术研究和实践探索。

(二)需要高昂的投资

BIM 及 AR 技术的应用需要大量的硬件设施和软件支持,这些设施的相应投资较高。同时,这些技术的集成应用,会进一步增加平台建设成本。

(三)工作人员的技术能力还需提升

BIM 及 AR 技术的应用需要更高的技术水平和经验。一些工作人员缺乏必要的技术能

力,可能需要接受更多的培训和知识更新。

(四)数据管理还存在困难

BIM 及 AR 技术需要大量的数据,并需要对这些数据进行分析和管理。如果不能有效地管理数据,就需要考虑数据完整性和安全性的问题。

(五)缺乏集成应用的标准和规范

从技术的角度来看,AR 技术能够加强 BIM 在工程行业的应用能力和拓展应用领域。但目前国内 BIM + AR 技术的应用还处于探索阶段,应用环境还不够成熟,尚未达到普及应用的程度,目前尚缺乏可以广泛适用的针对 BIM 和 AR 技术集成应用的规范和标准。

四、BIM 与 AR 集成应用实例

应用实例 1:杭甬高速公路复线某工程。

杭甬高速公路复线某工程,创新应用 BIM + AR 技术在互通立交下穿、上跨吊装中的应用,优化小曲率半径桥面板高空现浇施工工艺,直接解决浅海区互通立交建造难题。

应用实例 2:天津市某立交桥项目。

该工程在建设过程中积极探索 BIM、IoT、GIS 等新型技术,引进 AR 技术与 BIM 技术相结合,并进行了深入应用,达到了建造简易化、施工智能化和管理轻松化的效果。

应用实例 3:南京机场某航站楼。

南京机场某航站楼项目研究利用了 5G 的高带宽低延时技术,基于机场 BIM 模型,通过和 AR 技术的结合,实现巡检视频实时回传、AR 远程专家指导、远程虚拟教学培训,提高了机场设备系统运行维护的水平和效率,提升了机场设备系统的完好性。

五、BIM 与 AR 集成应用趋势

在信息化高速发展的时代,BIM 技术无疑是建筑行业信息化的代表。AR 技术以其轻量化、精准化、高效化的特点,解决了 BIM 技术一些现有的不足。BIM 技术和 AR 技术的结合有望全面提高建筑工程的速度与质量,推动建筑行业智能化、工业化、施工可视化和信息化。5G 的广泛使用也定能使 AR 技术突破很多场景的局限。

总之,BIM 与 AR 的集成应用方案拥有广阔的市场前景,必定会成为 BIM 技术在建筑领域蓬勃发展的强大驱动力。

第六节 BIM + 三维激光扫描

一、三维激光扫描简介

三维激光扫描是目前国际上先进的获取地面空间多目标三维数据长距离影像的测量新技术。传统的测量工具(如水准仪、全站仪)是单点测量,主要是通过测量物体的特征点,然后将

特征点连线的方式反映所测物体的信息。当所测物体是规则结构时,传统测量方法是适合的,但是对于非线性系统工程,传统测量方法就无法准确测量结构信息。

三维激光扫描将传统测量系统的点测量扩展到面测量,可以深入到复杂的现场环境及空间中进行扫描操作,并直接将各种大型、复杂实体的三维数据完整地采集到计算机中,进而快速重构出目标的三维模型及点、线、面、体等各种几何数据,而且采集到的三维激光点云数据还能够精确地进行距离量测、逆向建模、结构提取、二次设计等多方面应用。

二、BIM 与三维激光扫描集成应用优势

BIM 技术提供了三维数字信息模型,可与三维激光扫描技术扫描、处理之后生成的三维模型进行比对,经过计算、分析之后得到 BIM 模型与实测模型在各方面的差异,从而作为项目建造质量与效果的评价。同时,三维激光扫描技术、BIM 技术与计算机视觉技术的集成应用,能够实现建筑物三维场景的重建,可用于施工现场复原、灾后原因调查等方面。此外,BIM 与三维激光扫描还能够用于实现施工前的方案设计校对、施工过程中的变形监测、部分施工过程完成后的可视化核准,以及全部工程完工后的拟建项目模型与已完工程项目的综合比对等。具体优势主要体现在以下几点:

(一)快速准确立体呈现建筑空间信息

三维激光扫描技术具有非接触性、可全天候作业、扫描速度快、实时性强、精度高、数据兼容性强、全数字化等特点,可完美复制现场实景,便于后期通过 BIM 技术进行方案的确定与优化。这些数据可以与 BIM 模型无缝衔接,形成高精度的三维模型,从而使建筑物的规划、设计、施工和维护等全生命周期管理更加便捷高效。

(二)提高安全预警能力

三维激光扫描可以为地质、工程安全监测提供准确的数据,通过扫描,一方面可以获取现场的三维模型,为地质灾害预防、地震研究等提供基础资料,另一方面可以用于边坡体灾害发生前后的地形变化测绘、二次破坏的预测,以及边坡破坏前兆的把握和危险性评估等。

(三)提高建筑物全生命周期管理效率

1. 规划设计阶段

BIM 和三维激光扫描技术能够在不影响建筑物使用的情况下对其进行快速三维建模和扫描,这可极大地节约现场测量和绘图的时间,减少对现场环境的影响,从而提高规划设计的效率和精度。

2. 施工阶段

通过现场的正向施工,配合三维激光扫描形成的点云建立 BIM 模型,和设计 BIM 模型对比进行逆向检测,对于施工有误的地方进行整改,从而形成良性循环,不断优化现场施工情况。此外,土方开挖工程中,土方工程量较难进行快速测算,而开挖完成后通过三维激光扫描现场

基坑,然后基于点云数据进行3D建模后,便可快速通过BIM软件进行实际模型体积的测算及现场基坑的实际挖掘土方量的计算。

3. 运营维护阶段

BIM模型和三维激光扫描技术可以将工程设计信息、施工过程信息记录存档,便于运营维护阶段的管理与维护。同时,该技术还能帮助运营维护人员精准定位工程的问题点、故障原因等,利用VR对现实场景数据进行还原和展示,让运营维护人员更加全面地了解运营维护对象的状态,在发现问题时能够更加高效地处理,提高维护效率和质量。总之,该技术可以提高工程的维护效率、降低维护成本,同时也可以提升维护的安全性,实现工程的可持续发展。

三、BIM与三维激光扫描集成应用障碍

BIM及三维激光扫描集成应用障碍主要体现在如下几个方面:

(一) 成本相对较高

无论是三维激光扫描设备本身,还是提供咨询服务的团队,价格均较为昂贵,导致了有些项目在预算有限的情况下难以采用这项技术。

(二) 数据完整性和一致性

BIM和三维激光扫描数据来源不同,容易出现数据不一致或数据质量较低的情况,需要对数据进行质量控制和校对,保证数据的完整性和一致性。

(三) 部分环境下扫描较困难

现场扫描环境千差万别,如一些施工场地中,有些隐蔽工程中的管线和设备通过常规方法很难扫描,这也对不同三维激光扫描设备提出了更多的要求。

(四) 缺乏集成应用的标准和规范

从技术的角度来看,三维激光扫描技术能够加强BIM在工程行业的应用能力和拓展应用领域。但目前国内BIM+三维激光扫描技术的应用还处于探索阶段,应用环境还不够成熟,尚未达到普及应用的程度,目前尚缺乏可以广泛适用的针对BIM和三维激光扫描技术集成应用的规范和标准。

四、BIM与三维激光扫描集成应用实例

应用实例1:山西高速公路某桥梁项目。

鉴于该主桥技术复杂,是整个项目的控制性工程和重难点工程,对主桥建立高粒度、高精度的BIM模型(LOD400+),包括全桥3080个板单元,7万余条焊缝。基于BIM模型,针对性地开发了物料跟踪、虚拟预拼装、生产数字孪生、顶推监控等功能,实现主桥智慧化、精细化管理。

钢梁涉及结构单元多,为保证钢梁拼装质量,采用三维激光扫描仪对生产完成的各跨首节

段钢梁单元件进行高精度三维点云扫描,对点云数据在计算机中进行模拟预拼装。统计分析相关节段分析记录,对于不符合规范允许公差和现场安装精度的分段构件或零件,修改校正后重新拼装、比对,直至符合构件出厂要求。最后以首节段钢梁扫描结果为依据,结合后续拼装节段的施工监控复核理论模型,模拟预测多节段节点拼接结果,通过控制节段节点加工过程精度,进而实现对安装后整体精度的主动控制,防止由于单个节段节点加工误差的累积,造成安装后节段节点的位置、线形、扭转等误差。

应用实例 2:贵阳市城市轨道交通某隧道。

地铁隧道的竣工测量不同于常规房产项目,其体量较大,受地铁运营时间限制,测量效率非常重要。该项目采用矿山法施工,受其施工工艺限制,断面并非标准圆形或椭圆形,结构变化较大,使用传统测量手段需要采集大量特征点,工作效率较低。通过使用三维激光扫描技术,可以一次性获得大量三维点云和纹理数据,极大地压缩了外业的工作时间。点云数据不但能够反映隧道的形状和结构,还能够清楚地分辨出隧道内各类电箱、管线等设施,通过三维建模、物品单体化、属性挂接,可以为后续建立地铁运维保障系统提供基础数据。

应用实例 3:杭绍台高速公路城区段某高架桥项目。

该项目应用 BIM+三维激光扫描技术,实现了工程建设的立体化、可视化、数字化和智能化,提高了施工质量和水平,解决了节段梁施工的具体施工难点,优化了施工流程,缩短了施工周期,节省了工程进度信息人工交接处理的时间,对于指导高速公路预制节段梁施工动态管控,提高节段梁施工管控水平具有重要意义。项目应用后,共计缩短周期约 15d,减少成本约 200 万元。

五、BIM 与三维激光扫描集成应用趋势

BIM 与三维激光扫描集成应用有着广阔的应用前景,除了继续发挥其高精度、数字化操作等优势,BIM 与三维激光扫描技术应用还有以下几个发展方向:

(1)数据深入分析应用。可以利用人工智能和大数据等技术,从 BIM 和三维激光扫描集成应用中提取更加丰富的信息,实现数据智能化处理和挖掘。例如,通过数据分析和机器学习,可以自动识别问题点、预测故障、指导维护,提高维护效率和质量。

(2)集成技术不断提升。比如三维激光扫描技术可以为工程提供真实的现场三维数据信息,作为整个 GIS 平台的数据基础。此外,还可以与 3D 打印技术结合。借助于 BIM、三维激光扫描和 3D 打印集成应用,可实现实体打印物的快速建模,极大提高了三维数字模型的输出效率。

(3)多学科协同应用。BIM 和三维激光扫描集成应用可以为不同学科、不同领域提供更为全面和精准的数据支撑,为实现多学科的协同应用提供可能性。例如,在道路桥梁的运营维护领域,可以拓展至交通、城市规划、市政、环境等领域,并涵盖更多的运营维护相关内容。

第七节 BIM+3D 打印

一、3D 打印简介

3D 打印以数字模型文件为基础,运用粉末状金属或塑料等可黏合材料,通过逐层打印的

方式能够将数字化的虚拟物体快速转变为实物。3D打印通常是采用数字技术材料打印机来实现,常在模具制造、工业设计等领域用于制造模型,后逐渐用于一些产品的直接制造,目前已经有使用这种技术打印而成的零部件。该技术在工业设计、建筑工程、汽车、航空航天、医疗产业以及其他领域都有所应用。

二、BIM与3D打印集成应用优势

将BIM技术提供的三维数字模型信息数据提供给3D打印机,3D打印机即可对目标模型进行制作。具体优势主要体现在以下几点:

(一)快速准确生产复杂构件

传统工艺制作复杂构件,受人为因素影响较大,精度和美观度方面有所偏差不可避免。而3D打印机由计算机操控,只要有数据支撑,便可将任何复杂的异形构件快速、精确地制造出来。BIM和3D打印相结合,可以进行复杂构件制作,不再需要复杂的工艺、措施和模具,只需将构件的BIM模型发送到3D打印机,短时间内即可将复杂构件打印出来。少量个性化的复杂构件用3D打印可大大缩短加工周期,降低成本。

(二)提高模拟展示效果

BIM+3D打印技术可以制作施工构件微缩模型,辅助施工人员更为直观地理解方案内容。这些制造出的模型易于携带、展示,无须依赖计算机或其他硬件设备;同时,实体模型可以360°全视角进行安装演示。

(三)减少材料浪费和施工耗能

BIM和3D打印技术既不需要用纸,也不需要用墨,而是通过BIM模型导出电子模型图、远程数据传输、激光扫描、材料熔化等一系列技术,使特定金属粉或者记忆材料熔化,并按照电子模型图的指示一层层重新叠加起来,最终把BIM模型变成实物。此种方式可充分利用材料,大幅节约生产成本,降低对环境的影响。此外,该种方式还可以简化施工流程,减少现场作业量和人工成本,突破传统施工方式受气候和时间限制的瓶颈等。

三、BIM与3D打印集成应用障碍

BIM与3D打印集成应用障碍主要体现在以下几个方面:

(一)技术成熟度和效率方面的不足

虽然BIM和3D打印技术均在建筑和工程领域中取得了长足的发展,但二者集成应用方面仍有许多未解决的问题。例如,3D打印技术在特殊材料的印刷效果上还面临许多挑战,速度、精度等问题也有待解决。

(二)需要大量的设计和计算

当引入3D打印技术时,基于BIM数据处理的3D模型需要高精度和大量的计算,也需要更多的 3D 建模和数据精度校验。

(三) 设备和材料的成本仍较高

3D 打印机的成本较高,还需要特殊的打印材料来制作建筑结构材料,这可能会增加项目的运营成本。

(四) 只能适用于较小规模的建筑项目

目前 3D 打印技术适用于建造较小规模的房屋和建筑组件。对于大型建筑项目,还需要更好的打印技术和设备。

(五) 缺乏集成应用的标准和规范

从技术的角度来看,3D 打印技术能够加强 BIM 在工程行业的应用能力和拓展应用领域。但目前国内 BIM+3D 打印技术的应用还处于探索阶段,应用环境还不够成熟,尚未达到普及应用的程度,目前尚缺乏可以广泛适用的针对 BIM 和 3D 打印技术集成应用的规范和标准。

四、BIM 与 3D 打印集成应用实例

应用实例 1:赣深高铁某特大桥工程。

按照施工图纸进行 BIM 模型创建,并在施工图 BIM 模型基础上进行深化设计,模型深度达到 LOD400,可用于指导工厂加工。

深化设计后的 BIM 模型,直接用于 3D 打印,打印比例 1∶50。本项目采用熔融沉积式(FDM)3D 打印技术+激光雕刻,以实现更好的实体模型效果。实体模型外壳采用透明 3D 打印,以便更好地向参观人员展示设计内部细节,同时用于焊接安装工人的培训,达到了预期效果。

应用实例 2:广西滨海公路某跨海大桥。

该桥在 BIM 技术应用中涉及 BIM+GIS/无人机、BIM+3D 打印、BIM+VR/AR 等新技术的运用。同时,在信息化方面,研发了多种管理系统,如钢筋加工管理系统、栈桥交通管理系统、智能物料管理系统等。

将 BIM 与 3D 打印技术结合,将复杂异形构件等比例缩放打印,打印出来的模型可供方案展示、技术论证、方案模拟及施工工艺交底,可以使施工重难点部位可视化;能辅助施工人员更为直观地理解施工内容,确保方案准确实施。

应用实例 3:北京丰台某大型铁路站房。

为破解超大承载梁复杂结构施工难题,团队不断探索施工工艺的改进,在主筋与劲性钢柱连接时,采取了一端环板焊接,另一端接驳器连接的方式,减少了一半的焊接量,提高了施工工效,同时应用 BIM+3D 打印技术,对 25 个不同形式的钢骨梁、钢牛腿等复杂节点进行深化,为复杂梁柱节点施工提供了最佳方案。

五、BIM 与 3D 打印集成应用趋势

BIM 与 3D 打印技术的集成应用在未来有着广阔的发展前景,这种集成将为建筑行业带

来许多创新和变革。以下是BIM与3D打印未来集成应用的一些趋势：

(1)智能化生产。随着自动控制技术的发展，未来的3D打印生产有望与BIM技术深度结合，使得从设计到施工的流程更加智能化，大大提高生产效率。

(2)定制化生产。BIM技术能够提供详细的建筑设计信息，而3D打印技术则具有制造复杂形状的能力。这种结合将使得建筑更加个性化和定制化，满足不同用户的独特需求。未来，我们可能会看到更多形状独特、功能定制的建筑出现。

(3)模块化生产。BIM技术与3D打印技术的结合将促进模块化与装配式建筑的发展。通过BIM技术进行精确的模块设计，再利用3D打印技术制造这些模块，最后在现场进行装配，可以大大提高建筑的施工速度和质量。

(4)绿色与可持续发展。BIM与3D打印的集成应用将有助于减少材料浪费、降低能耗和减少建筑废弃物的产生，推动行业向更加环保和可持续的方向发展。

第六章 BIM在国内外的发展状况

近年来,随着科技的不断发展和应用领域的不断扩大,BIM技术在房建、交通、水利等众多行业中得到了广泛应用,为这些行业的数字化转型升级提供了强有力的技术支撑。本章从BIM技术的发展沿革、BIM技术在国外(美国、英国、韩国、日本和新加坡等)的发展状况、我国BIM的发展状况三部分展开介绍。

第一节 BIM的发展沿革

回顾BIM技术的发展沿革,可以看到其经历了从理念萌芽、概念探索到技术成熟,再到创新应用等阶段。其发展历程可以简单归纳为:BIM理念萌芽期、BIM概念形成期和BIM应用期。其中,BIM技术应用期又可分为:BIM1.0应用时代、BIM2.0应用时代和BIM3.0应用时代。

其中,20世纪70年代至90年代为BIM理念萌芽期;20世纪90年代至2002年前后为BIM概念形成期;2002年前后至今为BIM应用时代,具体可分为1.0、2.0和3.0应用时代(图6-1)。

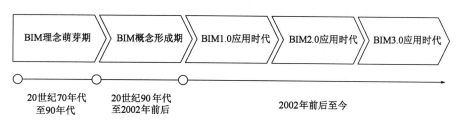

图6-1 BIM技术发展历程简图

美国建筑师协会(American Institute of Architects,AIA)Dennis Neeley曾定义过:BIM1.0应用时代为Visualization & Drawing;BIM2.0应用时代是Analysis;BIM3.0应用时代是Simulation。也就是说,BIM1.0时代是可视化和绘图;BIM2.0时代主要应用是分析;BIM3.0时代主要应用是模拟。

从整体上看,在21世纪之前,由于计算机硬件和软件技术的限制,BIM技术的研究和应用主要局限于学术研究领域,尚未在工程实践中得到广泛应用。21世纪以后,计算机软硬件水平的迅速发展以及对建筑全生命周期的深入理解,推动了 BIM 技术的不断前进。

如今,BIM 技术已经成为各行业不可或缺的一部分,为项目的设计、施工、运营等全生命周期各个阶段提供了强大的支持。展望未来,随着智能化、协同化等新技术的不断发展,BIM 技术有望在各行各业发挥更大的作用,推动行业的数字化转型和升级。

第二节　BIM 在国外的发展状况

一、BIM 在美国的发展状况

(一)概况

BIM 的概念最初诞生于 20 世纪 70 年代的美国。BIM 概念的启蒙,受到了 1973 年全球石油危机的影响,美国全行业需要考虑提高行业效益的问题,查克·伊斯曼(Chuck Eastman)在其研究的课题"建筑描述系统"中提出"*A Computer-based Description of a Building*",以便实现建筑工程的可视化和量化分析,提高工程建设效率。

1975 年,查克·伊斯曼(Chuck Eastman)提出了 BIM 的概念。

1986 年,美国学者罗伯特·艾什(Robert Aish)在论文中首次应用了"Building Modeling",也就是建筑模型这个概念,主要作用有三维建模、自动成图、智能参数化、关系数据库、施工进度计划模拟等。

2002 年,Autodesk 公司首次提出"Building Information Modeling"这个名词术语。

2003 年,美国实行国家 3D-4D-BIM 计划。

2004 年,Autodesk 公司印发了《*Building Information Modeling with Autodesk Revit*》,该书导言介绍:BIM 是一个从根本上改变了计算机在建筑设计中的作用。

自 2007 年起,美国规定所有重要项目需要通过 BIM 进行空间规划。

2007 年底,美国国家 BIM 标准(NBIMS-US)第一版正式颁布,该标准对 Building Information Model(BIM)和 Building Information Modeling(BIM)都给出了定义,阐述了 BIM 标准的研究方法和编制要求。2012 年,美国发布了该标准的第二版,其中包含了 BIM 的参考标准、信息交换标准和最佳实践标准等内容。2015 年,美国发布了该标准的第三版,其中包含了参考标准的一致性规范,描述了在建筑全生命周期中不同部分信息交换的标准要求,建模、管理、沟通、项目执行和交付,甚至合同规范的标准流程等更加细化的内容。

美国国家 BIM 标准不仅在美国为建筑行业的发展提供了强大动力,还为其他国家提供了借鉴。比如,加拿大等多个国家已在研究和借鉴美国 BIM 标准的基础上,制定了本国的 BIM 标准。

随着对 BIM 技术应用范围的不断扩大,研究不断深入,人们对 BIM 的认识也更加深刻。

美国是较早启动建筑业信息化研究的国家,发展至今,BIM 研究与应用都走在世界前列。如今,许多大型建筑公司和工程项目都采用 BIM 技术,以提高项目管理的效率和质量。通过使用 BIM 技术,项目各方可以在三维模型中协同工作,共享信息,减少沟通成本,优化设计方案,提高施工效率,降低后期运维的成本。

(二) BIM 应用推动

1. GSA

早在 2003 年,GSA(美国总务管理局)为了提高建筑领域的生产效率,支持建筑行业信息化水平的提升,推出了国家 3D-4D-BIM 计划,在 GSA 的实际项目中挑选 BIM 试点项目,探索和验证 BIM 应用的模式、规则、流程等一整套全建筑生命周期的解决方案。GSA 建筑信息模型指南 01 描述的 3D-4D-BIM 计划可用项目领域如图 6-2 所示。

Technology	Project Area		Improvements In:
3D Laser Scanning	• As-built Information	• As-Constrcted Information	
3D Geometric Models	• Site • Architectural • Structural	• MEP • Fabrication/Construction • Tolerance	
Design and Construction Coordination	• Coordination between disciplines	• Clash Detection	• Quality • Accuracy • Coordination • Efficiency
4D Models	• Project Phasing • Tenant Phasing	• Construction Sequencing • Traffic Studies	
BIM Models	• Site • Architectural 　-Space 　-Zone/Circulation	• Structural • Mechanical • Equipment Information • Maintenance Schedules	
BIM-analysis Applications	• Program/Asset Management • GIS • Energy Analysis • CFD Analysis	• Acoustic • Cost Estimating • Equipment inventory • Facility Management	

图 6-2 3D-4D-BIM 计划可用项目领域

从 2007 年起,GSA 要求所有大型项目(招标级别)都需要应用 BIM,最低要求是空间规划验证和最终概念展示都需要提交 BIM 模型。GSA 的所有项目都被鼓励采用 3D-4D-BIM 技术,并且根据采用这些技术的项目承包商的应用程序不同,给予不同程度的资金支持。

2. USACE

2006 年 10 月,美国陆军工程兵团(USACE)发布了为期 15 年的 BIM 发展路线规划,为采用和实施 BIM 技术制定了战略规划,以提升规划、设计和施工质量及效率。

3. Building SMART 联盟

该机构致力于 BIM 的研究与推广,使项目所有参与者在项目全生命周期阶段能共享准确的项目信息。通过 BIM 收集和共享项目信息与数据,项目可以有效节约成本、减少浪费。该机构的目标是在 2020 年之前帮助建设部门节约 31% 的浪费或者节约 4 亿美元。该机构下属的美国国家 BIM 标准项目委员会专门负责美国国家 BIM 标准(National Building Information Model Standard,NBIMS)的研究与制定。

二、BIM 在英国的发展概况

(一) 概况

英国 BIM 技术起步较美国稍晚,但与大多数国家的激励政策不同,英国政府要求强制使用 BIM 技术。

英国的设计公司在 BIM 实施方面也较为领先,众多全球领先设计企业的全球总部或欧洲总部设在英国。在这一背景下,政府发布的强制使用 BIM 技术的文件得到了有效执行,英国的 AEC(Architecture,Engineering & Construction)企业与世界其他地方相比,发展速度更快。

(二)BIM 应用推动

1. 英国政府

2011 年,英国内阁办公厅(Cabinet Office)发布了政府建设战略(Government Construction Strategy,如图 6-3 所示)。该文件明确要求:到 2016 年,全面协同 3D BIM,并将全部的文件进行信息化管理,以开启一个全新的、更为高效的协同工作模式。

2016 年 3 月,英国政府内阁办公厅继续发布新版的政府建设战略 2016—2020(Government Construction Strategy 2016—2020,如图 6-4 所示)。该文件在上一版的基础上,进一步提出提升政府作为建造客户的能力、增强数字技术(包括 BIM)应用、开展协同采购、在建造和运营维护公共建筑和基础设施的成本控制和温室气体减排中推行全生命周期方法等 4 项主要目标。

图 6-3　Government Construction Strategy

图 6-4　Government Construction Strategy 2016—2020

2. 英国建筑业 BIM 标准委员会

政府要求强制使用 BIM 的文件得到了英国建筑业 BIM 标准委员会的支持。

迄今为止,英国建筑业 BIM 标准委员会已发布了多个 BIM 相关标准。部分整理如下:

(1)英国建筑业 BIM 标准[AEC(UK)BIM Standard];

(2)适用于 Revit 的英国建筑业 BIM 标准[AEC(UK)BIM Standard for Revit];

(3)适用于 Bentley 的英国建筑业 BIM 标准[AEC(UK)BIM Standard for Bentley Product];

(4)适用于 ArchiCAD、Vectorworks 的 BIM 标准。

这些标准的制定为英国的 AEC 企业从 CAD 过渡到 BIM 提供了切实可行的方案和程序。

三、BIM 在韩国的发展状况

(一)概况

韩国在运用 BIM 技术上十分领先,多个部门都致力于制定 BIM 标准,如韩国国土交通海洋部和韩国公共采购服务中心(Public Procurement Service,PPS)等。

(二)BIM 应用推动

1. 韩国国土交通海洋部

2010 年 1 月,韩国国土交通海洋部发布了《建筑领域 BIM 应用指南》。该指南为开发商、建筑师和工程师等使用 BIM 技术,提供了方法及要素的指导。

2. 韩国公共采购服务中心

2010 年 4 月,韩国公共采购服务中心发布了 BIM 路线图(表 6-1),主要内容包括:2010 年,在 1~2 个大型工程项目中应用 BIM;2011 年,在 3~4 个大型工程项目中应用 BIM;2013—2015 年,500 亿韩元以上的公共工程都采用 4D BIM 技术(3D+成本管理);2016 年以后,所有公共工程应用 BIM 技术。

BIM 路线主要内容　　　　　　　　　　　　　表 6-1

时期	短期(2010—2012 年)	中期(2013—2015 年)	长期(2016 年以后)
目标	通过扩大 BIM 应用来提高设计质量	构建 4D 设计预算管理系统	设施管理全部采用 BIM,实行行业革新
对象	500 亿韩元以上交钥匙工程及公开招标项目	500 亿韩元以上的公共工程	所有公共工程
方法	通过积极的市场推广,促进 BIM 的应用;编制 BIM 应用指南,并每年更新 BIM 应用的奖励措施	建立专门管理 BIM 发包产业的诊断队伍;建立基于 3D 数据的工程项目管理系统	利用 BIM 数据库进行施工管理、合同管理及总预算审查
预期成果	通过 BIM 应用提高客户满意度;促进民间部门的 BIM 应用;通过设计阶段多样的检查校核措施,提高设计质量	提高项目造价管理与进度管理水平;实现施工阶段设计变更最小化,减少资源浪费	革新设施管理并强化成本管理

2010 年 12 月,PPS 发布了《设施管理 BIM 应用指南》,针对设计、施工图设计、施工等阶段中的 BIM 应用进行指导。2012 年 4 月,对该应用指南进行了更新。

四、BIM 在日本的发展状况

(一)概况

日本是亚太地区较早应用 BIM 的国家之一,并且在政府层面做了很多的探索和研究。在日本,有2009年是日本的BIM元年之说。2009年,大量的日本设计公司、施工企业开始应用BIM。

(二) BIM应用推动

1. 日本国土交通省

日本国土交通省在2010年3月发布了BIM运用的方针和标准,明确了BIM建模和应用的注意事项、具体的应用内容、模型的精度标准等,并选择一项政府建设项目作为试点,探索BIM在设计可视化、信息整合方面的价值及实施流程。

2010年,日本某单位调研了517位设计院、施工企业及相关建筑行业从业人员,了解他们对于BIM的认知度与应用情况。结果显示,BIM的知晓度从2007年的30%提升至2010年的76%。2008年的调研显示,采用BIM的最主要原因是BIM绝佳的展示效果,而2010年人们采用BIM主要用于提升工作效率,仅有7%的业主要求施工企业应用BIM,这也表明日本企业应用BIM更多是企业的自身选择与需求。

2. 日本建筑学会

2012年,日本建筑学会发布了日本BIM指南,从BIM团队建设、BIM数据处理、BIM设计流程、应用BIM进行预算、模拟等方面为日本的设计院和施工企业应用BIM提供了指导。

3. IAI日本分会和福井计算机株式会社

日本的BIM相关软件厂商认识到,BIM数据集成的基本前提是需要多个软件来互相配合。因此,多家日本BIM软件厂商在IAI日本分会的支持下,以福井计算机株式会社为主导,成立了日本国产解决方案软件联盟。

五、BIM在新加坡的发展状况

(一) 概况

新加坡在2011年发布了BIM发展路线规划及指南,选择将政府项目作为试点,全面大力发展BIM技术。此外,新加坡政府对使用BIM技术的公司进行适当的补贴,补贴对象包括使用BIM技术的设计和施工公司,补贴额度根据单专业或全专业应用BIM技术以及模型的精细程度而定。

新加坡政府十分坚定地推广BIM技术,使新加坡成为广泛应用BIM技术的国家之一。对于一项新技术的发展和推广,政府的政策导向、资金支持、教育推广都是推动技术进步的关键因素。

(二) BIM应用推动

新加坡建设局作为政府部门,在新加坡BIM技术推广上起到了决定性的作用。目前,新加坡已发布了BIM发展路线、BIM建筑指南、BIM结构工程指南、BIM机电工程指南、BIM施工指南等。新加坡建设局出版的《Singapore BIM Guide Version 2》(图6-5),其中列明了模型深度,并以不同的建筑工程阶段进行划分。从LOD100到LOD600规定了不同的模型深度：LOD100——概念设计阶段；LOD200——初步设计阶段；LOD300——详细设计阶段；LOD400——施工阶段；LOD500——竣工阶段；LOD600——设备管理阶段。建筑公司只要按照规范建模即可。

图6-5　Singapore BIM Guide Version 2

此外,新加坡建设局已制定了强制BIM电子审查制度,工程建设项目必须进行BIM成果提交审查,并正在研究制定强制BIM施工的相关政策。新加坡BIM技术实施计划见表6-2。

新加坡BIM技术实施计划　　　　　　　　表6-2

步骤	时间	政府对BIM使用要求
第一步	1997年	新加坡政府提出建立电子信息化系统
第二步	2003年	新加坡政府检查电子信息化系统建立情况,要求完成80%
第三步	2008年	新加坡政府提出BIM技术
第四步	2010年	新加坡政府提出BIM-3D技术是技术革命
第五步	2013年	建筑面积2万m^2及以上,建筑专业必须使用BIM技术
第六步	2014年	建筑面积2万m^2及以上,其他专业必须使用BIM技术
第七步	2015年	建筑面积0.5万m^2及以上,全专业必须使用BIM技术
第八步	2016年	预计所有建筑,全专业必须使用BIM技术

第三节　BIM在国内的发展状况

我国自2003年开始引进BIM技术,起初主要集中在学术领域进行研究。同济大学、清华大学、上海交通大学、哈尔滨工业大学等高校在BIM概念提出后相继成立相关课题组,展开对BIM的研究。

2007年4月,《建筑对象数字化定义》(JG/T 198—2007)颁布。该标准把建筑信息模型(Building Information Model)定义为"建筑信息完整协调的数据组织,便于计算机应用程序进行访问、修改或添加。这些信息包括按照开放工业标准表达的建筑设施的物理和功能特点以及其相关的项目或生命周期信息"。

2015年,住房和城乡建设部印发《关于推进建筑信息模型应用的指导意见》(建质函〔2015〕159号),之后各省(区、市)陆续出台了建筑信息模型(BIM)应用指导意见,极大地推进了BIM的应用。

2019年4月1日,人力资源社会保障部把"建筑信息模型技术员"列入新职业,为BIM技能人才培养指明了方向。高校纷纷把BIM列入教学内容,为企业培养BIM人才。

得益于中国巨大的工程建设市场需求,以及国家层面和地方层面的大力扶持,近年来BIM在国内取得了突飞猛进的发展,形成了一股BIM应用热潮。

截至2018年底,国内BIM软件开发企业达100多家,软件产品达数百个,BIM咨询及培训机构上千家。地方及行业的BIM大赛推动了BIM技术在项目和企业中的应用。同时,在国内大型工程中也都应用BIM技术来提质增效,如:港珠澳大桥、北京大兴国际机场、京雄城际铁路、北京奥运会主场馆国家体育场(鸟巢)、上海中心等项目均采用了BIM技术,并都取得了显著成效。

(一)国家层面支持概况

1.政策概况

随着建筑业的快速发展,传统建造技术已不能满足现阶段的施工需求。而BIM技术的出现,能够融合和协调多种技术,有效解决联合作业和多工种多工序之间的协调施工问题。我国相继出台了一系列政策文件,推动BIM技术在建设行业的应用和发展。这里仅列举部分文件:

2011年5月,住房和城乡建设部印发《2011—2015年建筑业信息化发展纲要》(建质〔2011〕67号)。

2015年6月,住房和城乡建设部印发《关于推进建筑信息模型应用指导意见的通知》(建质函〔2015〕159号)。

2017年1月,交通运输部办公厅印发《推进智慧交通发展行动计划(2017—2020年)》。

2017年2月,国务院办公厅印发《关于促进建筑业持续健康发展的意见》(国办发〔2017〕19号)。

2017年12月,交通运输部办公厅印发《关于推进公路水运工程BIM技术应用的指导意见》(交办公路〔2017〕205号)。

2020年7月,住房和城乡建设部等13部门联合印发《关于推动智能建造与建筑工业化协同发展的指导意见》(建市〔2020〕60号)。

2021年2月,中共中央、国务院印发《国家综合立体交通网规划纲要》。

2022年1月,交通运输部印发《公路"十四五"发展规划》。

2023年2月,中共中央、国务院印发《质量强国建设纲要》。

2023年9月,交通运输部印发《关于推进公路数字化转型加快智慧公路建设发展的意见》(交公路发〔2023〕131号)。

2.标准规范概况

与此同时,为了更好地推动BIM技术的应用和发展,国家层面还制定了一系列BIM技术标准。

2012年1月,住房和城乡建设部印发了《2012年工程建设标准规范制订修订计划的通知》(建标〔2012〕5号),我国BIM标准编制工作正式开启。

近年来,《建筑信息模型应用统一标准》《建筑信息模型施工应用标准》《建筑信息模型分类和编码标准》《建筑信息模型设计交付标准》等主要BIM国家标准相继印发实施。其中,2017年,住房和城乡建设部发布了国家标准《建筑信息模型应用统一标准》(GB/T 51212—2016),该标准对建筑信息模型(BIM)给出了明确定义:在建设工程及设施全生命期内,对其物理和功能特性进行数字化表达,并依此设计、施工、运营的过程和结果的总称。

3. 示范、试点概况

此外,我国还通过BIM应用示范工程、试点工程等方式,引导行业企业积极探索和应用BIM技术,全力推动BIM技术普及和应用。

例如,为贯彻实施《交通运输信息化"十三五"发展规划》,发挥现代信息技术在工程管理中的作用,交通运输部在2017年开展了公路BIM技术应用示范工程建设。在公路项目设计、施工、养护、运营管理全过程开展BIM技术应用示范,围绕项目管理各阶段开展BIM技术专项示范工作。主要任务包括:提升公路设计水平、提高公路建设管理水平和推进公路养护管理信息化。

第一批公路BIM技术应用示范项目名单见表6-3。

第一批公路BIM技术应用示范项目名单 表6-3

序号	省份	依托工程	项目单位	示范任务
1	安徽	德州至上饶国家高速公路合肥至枞阳段	安徽省交通控股集团有限公司	全寿命周期BIM技术应用示范
2	广东	深圳市龙观快速路、盐岗东立交等项目	深圳高速工程顾问有限公司	全寿命周期BIM技术应用示范
3	云南	召夸至泸西、武定至寻甸、昆明至丽江高速公路等项目	云南省交通运输厅信息中心	全寿命周期BIM技术应用示范
4	山东	京沪高速公路莱芜至临沂(鲁苏界)段改扩建工程	齐鲁交通发展集团有限公司	基于BIM技术的项目管理示范
5	贵州	都匀至安顺高速公路	贵州高速公路集团有限公司	基于BIM技术的项目管理示范

(二)地方层面支持概况

1. 政策概况

2013年以后,各地方政府相继发布了推广BIM技术的有关政策,这些政策进一步促进了BIM技术在国内的推广与应用。

深圳市是国内较早发布支持BIM政策的城市之一。2014年4月,深圳市发布了《深圳市建设工程质量提升行动方案(2014—2018年)》,鼓励推广工程设计领域应用BIM,在政府工程设计中考虑BIM技术的概算,搭建BIM信息平台,并制定了BIM工程设计文件交付标准、收费标准和BIM工程设计项目招投标实施方法。

2014年10月,上海市发布了《关于在本市推进建筑信息模型技术应用的指导意见》。该文件明确了上海市政府未来三年BIM技术应用目标和重要任务,同时也制定了政策落实的具体保障措施:组织BIM技术应用推广联系会议、明确BIM技术应用要求和配套费用、完善相关建设工程评奖管理办法、建立BIM技术经验交流平台和机制。

2014年9月,广东省住房和城乡建设厅发布《关于开展建筑信息模型BIM技术推广应用工作的通知》,明确提出到2014年底,启动10项以上BIM技术推广项目建设;到2015年底,基本建立广东省BIM技术推广应用的标准体系及技术共享平台;到2016年底,政府投资的2万 m^2 以上的大型公共建筑,以及申报绿色建筑项目的设计、施工应当采用BIM技术,省优良样板工程、省新技术示范工程、省优秀勘察设计项目在设计、施工、运营管理等环节普遍应用BIM技术;到2020年底,全省建筑面积2万 m^2 及以上的工程普遍应用BIM技术。

这里仅仅列举了部分地区的BIM支持政策(更详细内容见本书BIM政策和标准章节)。截至目前,全国大多数省(区、市)均出台了BIM相关技术政策,同时发布了很多指导意见,有些地方甚至在公共建筑等领域强制推行BIM技术应用,多数行业企业已开展BIM技术在工程领域内的应用。

2. 标准规范指南概况

随着BIM技术在国内的应用与推广,各地方相继出台了一系列地方BIM标准或指南。例如:

2014年,北京市住建委发布了《民用建筑信息模型设计标准》(DB11/T 1069—2014),为民用建筑的BIM设计提供了指导和规范。

2015年,上海市发布了《上海市建筑信息模型技术应用指南(2015版)》。该指南详细阐述了BIM技术在建筑设计、施工、运营等各个环节中的应用要点和注意事项。

2015年,深圳市建筑工务署发布了《深圳市建筑工务署政府公共工程BIM应用实施纲要》和《深圳市建筑工务署BIM实施管理标准》。

后续,广西、浙江、四川、河北、江苏等地有关部门纷纷发布有关BIM标准、规范或指南。

这里仅仅列举了部分地区的标准规范指南。截至目前,全国大多数省(区、市)均出台BIM相关技术标准规范指南。这些文件通常包括BIM技术的定义、应用范围、数据标准、软件平台、协同设计、施工管理等方面的内容,为BIM技术在各地的应用提供了全面的指导和支持。

3. 示范、试点概况

随着信息技术的快速发展,建筑信息模型(BIM)技术逐渐在各行业中得到广泛应用。为了更好地推动BIM技术的应用和发展,各地纷纷开展BIM应用示范工程和试点工作。这些示范、试点项目不仅展示了BIM技术在不同类型工程中的应用优势,也为其他类似工程提供了有益的参考和借鉴。部分举例如下:

(1)北京市。北京市在推动BIM等信息技术在建筑业应用方面开展了大量富有成效的工作,自2017年起持续开展示范工程建设、相关课题研究、标准制定、技术交流、宣传推广等工作,取得了瞩目的成绩。截至目前,已经有200余个项目被列入BIM示范工程的建设范畴,涵盖了冬奥场馆、新机场、学校、医院、办公、住宅、桥梁、高速公路、地铁、管廊、再生水厂等。

(2) 河北省。为贯彻落实《关于促进建筑业持续健康发展的意见》(国办发〔2017〕19号)、《关于完善质量保障体系提升建筑工程品质若干措施的通知》(冀政办字〔2019〕66号)等有关要求,加快建筑信息模型(BIM)技术推广应用,2021年,河北省住建厅发布了《关于组织开展BIM技术应用示范工作的通知》,决定组织开展BIM技术应用示范工作。

(3) 山东省。为贯彻落实国家和山东省关于推进建筑信息模型(BIM)技术应用的要求,切实提升住房城乡建设信息化水平,山东省住建厅连续组织开展建筑信息模型(BIM)技术应用示范项目申报和评选工作。

此外,2022年,山东省住建厅还在省内组织开展了建筑信息模型(BIM)技术应用试点城市、试点单位申报工作。

(4) 江西省。为深入贯彻落实住房和城乡建设部《关于推进建筑信息模型应用指导意见》(建质函〔2015〕159号)《江西省住房城乡建设领域推进数字经济"一号发展工程"实施意见》等文件精神,以示范项目推动BIM技术应用,江西省陆续开展BIM技术应用示范项目申报和评选工作。

(5) 河南省。2017年,河南省住建厅为加快建筑信息模型(BIM)技术应用,提高BIM技术应用水平,贯彻住房和城乡建设部《关于推进建筑信息模型应用的指导意见》(建质函〔2015〕159号)和《关于推进建筑信息模型(BIM)技术应用工作的指导意见》(豫建设标〔2017〕44号)的有关工作部署,决定在省内组织开展BIM技术应用示范工作。

这里仅仅列举了部分地区的应用。除了上述地区,其他省(区、市)也都在陆续积极开展有关示范和试点工作。这些示范和试点工程(项目)在推动BIM技术应用和发展方面发挥了重要作用,不仅提高了工程项目的效益和质量,还为BIM技术的普及和推广奠定了坚实基础。随着BIM技术的不断发展和完善,相信未来会有更多的示范工程和试点项目涌现,推动建设行业实现数字化转型升级。

当前,建筑信息模型(BIM)技术正全面融入我国工程建设等多领域和全过程,给社会生产生活带来广泛而深刻的影响。

一是从应用领域看。BIM正全面融入房屋建筑工程、铁路工程、公路工程、水运工程、民航工程、水利工程和能源工程等多领域,并且向城市规划、工业制造和安全与防灾等更多领域拓展。

二是从应用过程看。BIM技术逐步形成了常态化应用基础,正在从局部或个别应用向全专业、全过程应用扩展和深化。目前,项目的招投标阶段、勘察设计阶段、施工阶段、运维阶段等全生命周期都有了更为成熟和深入的应用。

三是从技术层面看。我国BIM技术应用已进入数字化转型深入推进阶段。BIM技术正在从项目点状应用实践铺开至项目级、企业级集成管理应用,也逐渐发展成普遍化状态。比如,针对勘察设计阶段的协同正向设计平台,针对施工阶段的项目集成管理平台,针对运维阶段的智慧运维平台等不断涌现,可见,基于BIM的综合管理应用已达到百花齐放的状态。此外,在施工装备的自动化、智能化改造等方面也有所突破。个别项目BIM应用形成了一体化的技术体系,并且走向产业化实践。

四是从重视程度看。相当数量的企业已经充分认识到BIM技术的重要性。特别是行业骨干企业,已经建立了对BIM技术的深刻认识。越来越多的企业开始重视BIM技术在企业管理及项目管理中的应用，纷纷成立 BIM 中心，配备相关软硬件设备，并通过多种方式进行人员培训、鼓励相关人员考取 BIM 证书，提升职业技能水平。此外，不少企业还挑选有挑战的项目，在其中全面应用 BIM 技术，并以此作为企业 BIM 应用的标杆；积极参加行业 BIM 大赛，展示企业 BIM 应用成果，进一步推动企业级 BIM 应用。

第七章

BIM应用展望

随着新一代信息技术的融合与创新,BIM技术将实现更高效的资源整合和智能化决策支持,推动建筑行业向更高效、更绿色、更智能的方向发展。本章主要从BIM应用趋势、面临挑战以及发展机遇等方面展开介绍。

第一节 BIM应用趋势

一是BIM所包含的信息将更加全面。随着BIM技术的不断发展和应用,未来BIM所包含的信息将会更加全面,主要表现在以下几个方面。①设计阶段。BIM模型将包含更加丰富的信息,除了包含设计参数,同时也会包含更为详尽的外部环境因素,例如空间布局、地理环境、碳排放量等具体信息,实现资源信息与空间模型紧密结合,形成更加完整、高质量的三维数字信息模型。②施工阶段。建筑工人可以通过BIM模型获取更加全面准确的信息,包括建造顺序、精度要求、质量要求等。③运维阶段。BIM通过传感器和数据采集技术等手段,保持对建筑物运营和维护的实时监控和反馈,帮助用户更好地进行设备维护,管理运营维护团队等。

二是BIM技术与各类新兴信息技术的集成应用。随着BIM应用逐步走向深入,单纯应用BIM的项目越来越少,更多的是将BIM与其他先进技术集成或与应用系统集成,以发挥更大的综合价值。目前,建筑行业的发展已经从"信息化"进入"网络化"阶段,BIM结合建筑行业网络化的发展,产生了"BIM+","BIM+"是促进建筑行业发展的新的推动力量。"BIM+"时代的到来,与互联网、云计算、大数据以及3D打印、VR/AR技术、GIS等结合在一起,从BIM技术平台上有很多延展。

三是BIM技术应用领域更加空前。BIM已全面融入房屋建筑工程、交通运输工程、水利工程和能源工程等多个领域,并且向智慧城市、工业制造、生态环境、安全防灾等更多领域拓展。

四是BIM技术的推动逐步转变为业主方主导。从应用的主导方看,BIM技术应用的主导力量正在前移,逐渐从设计、施工、总包方,转变为业主开发方,尤其是一定规模以上的工程项目。同时,业主方对BIM应用的需求日益明确且不断深化。这对BIM应用产生了极大的推动。业主方是项目资源的分配方,同时也是应用价值的提出方和价值的最大获益方。这一转变是BIM技术向常规技术快速转化的强大推动力。

第二节　BIM 面临挑战

BIM 技术作为建筑业承担行业先进生产力的代表，已在工程建设各领域广泛而深入地应用，成为解决行业痛点的利器。与此同时，BIM 也面临一些前所未有的挑战，具体表现在以下几个方面。

一是 BIM 与新技术的集成应用方兴未艾。BIM 除了代表行业生产技术外，也是其他交叉行业与之发展的底层支撑技术。这些交叉行业（包括人工智能、大数据、物联网、下一代网络技术、数字孪生、云计算等）发展速度相对很快，对 BIM 技术的发展也提出了更高要求。

二是 BIM 在行业深度应用还在加速探索。BIM 技术的发展离不开政策、资金的支持，目前国家无论是政策上还是资金上均在大力扶持。但是 BIM 技术在行业的深度应用还在加速探索中，同时，行业内从业人员在新技术的掌握上尚存不足，且随着新技术所推动的管理模式深刻变革，这些复合因素共同对整个行业构成了不小的挑战。

三是 BIM 技术体系还不够完善。各类项目管理集成平台的应用还基本处于将各项目的管理信息、财务信息简单汇聚，形成基于结构化和关系型的数据积累，尚处于尝试通过数据挖掘发现一些新风险、新规律、新价值、实现行业数据融合应用的基础探索上。

四是数据集成、维护和传递仍有挑战。BIM 技术的优势与前提是汇聚项目设计、建造、运维各阶段各方信息，包括不限于几何尺寸、材料规格、生产厂家、造价计量、维护信息等。相应地，信息的收集和维护在建设工程这样一个本来有巨大信息量的领域中面临的挑战更大。因此，如何更快更好地进行信息集成、维护和传递显得尤为重要，此外数据挖掘分析，避免信息冗余也同样重要。

五是 BIM 与相关设备的数字化接口技术发展还不足。在施工智能化装备的研究上多以改造为主，关键核心技术自主研发少，BIM 与先进制造装备、智慧工厂及智慧工地的相关设备的数字化接口技术发展还不足，还未形成基于 BIM 的集约化技术体系，较缺乏更多的产业化实践。

六是缺乏复合型 BIM 应用人才。BIM 技术对行业产生了巨大影响，不只是应用 BIM 技术后所带来的效益，它也间接影响了行业人才培养、人才评价、人才使用和人才激励。现阶段，新 BIM 应用点不断推出，相关软件的迭代速度不断加快，BIM 应用范围不断扩大、应用深度不断拓展，与此同时，企业对人才的需求也随之不断变大，能力要求也随之明显提高，特别是对具备工程经验和跨专业沟通协调能力，并且对具有突破框架的创新思维的复合型人才的需求最为迫切。

随着技术的更新迭代、项目经验的不断积累、资金投入的持续增加、政策法规的逐步完善、专业人才的接续培养，上述挑战和问题都将逐步得到解决，我们对未来充满信心。同时，我们也应该看到，任何一项新技术，特别是作为一项能改变行业生产方式的新技术，普及的过程将是长期且漫长的。在这个过程中，我们要充分认识不同阶段的 BIM 应用的价值和特征，正确理解并制订不同时期的方法和路径，让 BIM 技术更好地助力工程建设行业转型升级。

第三节 BIM 发展机遇

一、BIM 技术助力智慧建造

(一) 基本情况

随着 BIM 技术在行业的深入应用,项目在勘察设计阶段就已融入海量的数据信息。这些数据信息包括了项目完整的设计数据,可满足项目施工建造的要求,同时也为项目以 BIM 技术驱动智慧建造提供了数据基础。当前已经有部分项目在 BIM 技术助力智慧建造方面进行了不少探索,也拥有了一些技术积累。

比如,数字化加工、装配式构件等是在项目完成设计后,通过工业软件、通用数据接口以及自动化生产设备,对项目建造所需的构件进行批量生产,从而满足各种类型项目建造任务。因此,BIM 技术在助力数字化加工、装配式构件方面,展示出以下几个前瞻的发展方向:一是通用工业软件工具链的研发,完成从不同专业设计软件数据到建造设备数据的对接与处理;二是相应建造设备的改造升级,完成从项目建造数据到自动化整体构件生产的流程;三是与新建造方式相匹配的管理流程与管理工具的研发。

此外,BIM 技术还将推动实现工程建设阶段的数字模型交付和数据贯通,促进基于数字化施工建造方式和工程管理模式变革。BIM 技术驱动的智慧建造在行业完成技术实现之时,将会给建设行业带来全新的技术路径。同时,智慧建造带来的施工管理效率提升将促进相关技术软硬件的发展,从而推动行业整体进步。

(二) 应用实例

应用实例 1:合枞高速公路(交通运输部第一批公路 BIM 技术应用示范项目)。

合枞高速公路是安徽省高速公路规划网"五纵十横"中"纵三"的重要一段,项目总投资 104.59 亿元,全长 134.158km,为全立交、全封闭、双向四车道高速公路,设计时速 120km。作为交通运输部三示范项目(第一批公路 BIM 技术应用示范项目、工业化智能建造科技示范项目、平安百年品质工程创建示范项目),合枞高速公路致力于"标准化装配式结构体系"建设及"智能化预制生产安装技术""BIM + 智慧工地数字化建造技术"研究,全力打造"公路桥涵工程工业化建造技术"品牌。该项目对提升公路桥涵绿色低碳建造水平、推动公路建设高质量发展作出了示范作用。合枞高速公路如图 7-1 所示。

应用实例 2:临猗黄河大桥及引线工程。

临猗黄河大桥及引线工程项目是山西省"三纵十二横十二环"的重要组成部分。针对临猗黄河大桥技术特点及管理难点,项目建设者研发了基于 BIM 技术的智慧建造管理系统,实现了钢箱梁虚拟预拼装、数字监控与智慧顶推,对工程信息即时采集、精准分析、动态监控、及时预警、实时纠偏,达到了预期效果。

图7-1 合枞高速公路

应用实例3:宁波舟山港六横公路大桥二期工程。

宁波舟山港六横公路大桥二期工程全长18.8km,双向四车道,设计时速100km。作为大型跨海连岛工程,该项目由多座桥梁及连接线构成。其中,双屿门特大桥跨度1768m,是世界最大跨度单跨吊钢箱梁悬索桥,也是我国最大跨度跨海桥梁。项目建设者在建设过程中运用智慧建造技术,构建"一平台五系统",即融合BIM、5G、技术与安全、环境感知、实时监控等系统的控制平台,以量身定制的"铁建方案"解锁智慧建设引擎,助力世界级大桥建设。

应用实例4:横门西特大桥。

横门西特大桥(图7-2)是南中高速公路的控制性工程。该工程采用独塔双索面半漂浮体系钢箱梁斜拉桥结构,是国内在建的最大跨径独塔整体式钢箱梁斜拉桥。大桥全长912m,主跨390m,索塔高210m,全桥共设钢箱梁63片。在钢箱梁生产过程中,为进一步引领和提升智能制造水平,施工单位以BIM技术为基础建立"焊缝地图"搭建焊缝管理云平台,实现焊缝设计、施焊和检验等信息全面集成。

图7-2 横门西特大桥

二、BIM技术助力智慧运维

(一)基本情况

项目在勘察设计、施工阶段完成了底层的数据载体与项目建造期的数据积累,基本具备了BIM技术驱动智慧运维的条件。

传统运维信息较为分散,较难实现数据的深度挖掘。基于BIM的智慧运维系统,可以集中收集散乱的数据,理顺海量的信息,解决传统运维信息孤岛、决策难度大等问题,实现基于BIM可视化的快速故障定位、排查、多业务信息数据集成、分析监控等,有效确保业务稳定运行,同时还可为运维的科学决策提供准确、实时数据支撑。BIM技术助力智慧运维的具体功能,如实时监控、三维浏览、设备管理、环境管理、安防管理、养护管理、人员管理、档案管理、系统管理等。上述功能可实现数据信息的高效收集、展示、共享和传输,从而有效提高运营维护管理的效率和质量。

此外,运维过程中还会产生海量的数据。基于BIM的智慧运维系统结合大数据等新技术,还可深入挖掘运维过程中存在的设备设施和环境等问题,实现管理效率的再提升、流程的再优化,设备运维的及时跟进,为运维管理提供技术支撑。

(二)应用实例

应用实例1:京德高速公路一期工程。

北京新机场至德州高速公路京冀界至津石段(简称"京德高速公路一期工程")依托"BIM+GIS"技术,创建了建设运维全寿命智能管理平台,对高速公路建管养运全过程实行标准化管理。从现场视频实时上传、进度报表的输入上报到资料文件的审批,每一步都可以通过平台完成,实现项目全过程一体化管理、标准化管控,提高了工作效率,有效保证了质量和工期。

应用实例2:北京市广渠快速路运通隧道。

北京市广渠快速路运通隧道全长6.57km,是北京市最长的城市隧道,是中央核心区连接城市副中心行政办公区的重要通道。运通隧道智能运维管理系统采用先进的数字孪生技术,将与隧道运行管理业务相关的数据与BIM模型相融合,构建了隧道虚拟孪生模型,并将精细化管理流程嵌入到隧道孪生模型当中,实现了隧道运行管理自动化、数据化、智能化。该智能运维管理系统主要包含BIM驾驶舱,病害、维修、巡检、检修、计划、测评、清洁、应急、班组、机电监控、养护机械、资源、审核和系统管理等16个功能模块。该系统具有"提质、增效、降成本"的实际意义。应用了这套智能系统后,运通隧道的养护巡查人员由原来的10人减少到5人,每年可节约养护成本30%以上。该智能运维管理系统不仅可以帮助运维管理人员及时了解隧道设施的运行、分布、构成、使用和故障等情况,利用静、动态数据库,降低时间成本,也可以实现预防性养护,在病害早期及时发现处理,降低养护成本,更大程度保证市民通行安全。

应用实例3:水阳高速公路。

水阳高速公路连接柞水县和山阳县,东西走向穿越秦岭,全长79km。为了提高公路的智能化养护管理水平,水阳高速公路将建设过程使用的BIM、GIS和物联网技术继续应用于高边坡动态实时监测管理中。通过全天候、不间断高频数据采集分析,监测管理系统能够第一时间对结构异常信息进行预警,实现了对高边坡结构状态动态的、可视化的实时监测,并根据数据分析结果对边坡状态进行稳定性评价。该监测管理系统的使用,降低了养护成本,加强了运营养护管理数据统计分析能力,使运营养护工作更直观、更智能、更高效、更精确。

三、BIM 技术助力绿色低碳

(一) 基本情况

BIM 技术可以充分发挥基础数据的集成优势，在设计阶段将各类影响因素集成于 BIM 平台，对用地节约、环境影响、地质影响、噪声影响、保护区影响等进行综合的研判；运营阶段可以基于各类监测监控设备数据，开展运营期环境影响因素及保护措施研究，实现项目整体的绿色管控，为项目的生态环保、资源节约和品质创新创造更好的基础条件。

此外，新时期绿色低碳发展也对项目提出了新要求，比如对碳排放的动态数据收集整理、分析和对策研究。当前，BIM 技术的深度应用带来了项目全生命周期各类数据的广泛汇集。过往的项目隐含碳排放数据通过数据汇集、平台管理、IoT 设备的对接、数据接口的完善得以存储和积累，形成了项目的巨量碳排放数据集，为碳排放计算、决策和优化提供了平台，进而为行业提供实现低碳建造、零碳运行的技术支撑。

(二) 应用实例

应用实例 1：都安高速公路(交通运输部第一批公路 BIM 技术应用示范项目)。

都安高速公路全长 276.3km，是贵州单体工程路线最长的公路项目，也是典型的山区高速公路。该项目集品质工程、绿色公路、BIM 技术应用、钢结构桥梁应用、质量安全微创新五大示范任务于一身。

该项目基于绿色公路的总体目标，使用 BIM 技术进行了方案比选优化设计、建设管理智慧化提升、特殊结构精细化设计和复杂施工方案优化等。比如，在方案的比选和优化设计方面，通过"BIM + GIS"的手段准确呈现路线走廊带环境模型(图 7-3)，快速创建方案级 BIM 模型并展开比选，结合工程规模快速统计，便于各方案针对地质、影响区、保护区等环境因素做出调整。特别是开展特殊结构精细化设计时，BIM 技术有效减少了现场的返工，提高了构件加工效率和精度。对于现场复杂的施工方案，基于 BIM 技术的仿真模拟能有效验证方案的可行性，提高方案执行效率。在施工场地规划时，采用"BIM + GIS"的技术手段研究和规划项目临建场地布设，可从节约土地、降低环境影响等方面减少项目对生态的不良影响。

图 7-3　模型渲染效果图

应用实例 2：昔榆高速公路。

昔榆高速公路在设计阶段按照"安全舒适、经济环保"的要求，充分利用 BIM + GIS 技术进行生态选线,依法避绕铁桥山、松塔水源等生态敏感区。同时大力推广装配式涵洞、装配式护栏、小型预制块、钢箱梁等标准化设计及人造石材、防腐涂料,提升了工程建设品质,为公路绿色低碳转型提供助力。

应用实例3:平沙公路飞龙大桥。

平沙公路飞龙大桥钢栈桥横跨郁江两岸,总长423m。该大桥应用"BIM+4D施工模拟"技术,将施工全过程信息化、透明化、绿色化。具体来看,一是项目根据实际优化施工方案,将飞龙大桥原方案调整为分段式栈桥,起始段缓坡栈桥的设置减少两岸占地面积415m^2,集约利用土地1290m^3、钢材用量79.5t,节约资金约40万元。二是项目为提高模板重复利用率,将飞龙大桥下构墩身模板与上构挂篮模板进行组合优化设计,使用BIM技术辅助完成模板结构设计。一方面,在设计阶段确保模板的强度、刚度和稳定性要求;另一方面,实现了模板共用,预计提高模板重复利用率33.7%,节约了材料成本51.35万元。三是项目基于"BIM+GIS电子沙盘"技术,合理调配两岸的泥浆净化器、空压机、混凝土运输车等机械设备,减少了租赁费用,并结合现场调整人员、材料和机械布置。施工单位通过使用BIM技术,提高了施工效率,降低了工程成本,实现了绿色低碳、节能减排、循环利用的目标。

四、BIM技术助力安全管理

(一)基本情况

建设工程项目管理是一个全生命周期的管理模式,包括安全管理、投资控制、质量控制、进度控制、合同管理、信息管理等。其中,安全管理在所有管理工作中占据首要地位。安全管理是一切管理工作的基础,是实现一切项目目标的基本保障,是整个工程项目管理工作的重中之重。

在安全管理的过程中,必然会涉及不同参与单位、不同施工阶段、不同施工过程。BIM技术可以综合各方信息,实现联动修改。简而言之,BIM技术为项目安全管理搭建了一个更具有时效性的多方数据资源平台。具体来看,BIM技术具有三维可视化的特点,在安全管理过程中,BIM技术可以加强对危险源的描述与识别;BIM技术的模拟性,可以使危险源在施工模拟过程中、在作业环境中的表现更直观;BIM技术的可优化性及动态性,可使得危险源在辨识过程中呈现动态的变化过程,更能形象地反映施工中可能发生的状况,有利于安全管理过程的持续改进。

伴随着新兴信息技术的飞速发展,BIM与安全管理将会结合得更加紧密。未来,BIM技术将为降低安全生产责任事故的发生,为安全管理提供新的管理思路与局面,为建筑信息化建设提供有力的支持。

(二)应用实例

应用实例1:安徽省隧道安全监测平台。

基于BIM技术的安徽省隧道安全监测平台(图7-4),以新建BIM平台为基础,基于原有安徽省隧道管理平台,实现监测模块(包括视频模块升级、火灾模块升级、环境模块升级、交通指标模块升级、灯状态模块升级、风机状态模块升级、异物检测模块升级、电量检测模块升级)

的二次开发,同时结合用户实际需求新增突发事件功能、预案上传功能、统计功能。升级后,实现了所有监测指标的三维可视化,既可通过漫游的形式对所安装的监测设备进行一一查看,也可通过监测状态模块对所有的预警指标进行查看。

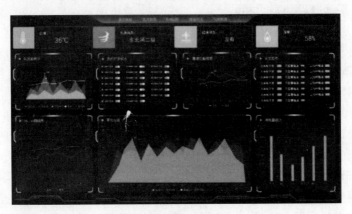

图 7-4　隧道安全监测平台

该系统实现了隧道状态参数的实时感知和及时预警,准确反映隧道状态变化,同时确保了感知数据的准确性、数据传输的实时性和稳定性。

应用实例 2:马鞍山隧道。

马鞍山隧道自开工以来,参建单位结合隧道围岩差以及开挖跨度大等特点,采用了双侧壁导坑法和中隔壁法施工,引入了 BIM+GIS 技术贯穿于工程建设全过程,应用了分布式光纤植入式神经传感系统和微位移传感系统,它代替了传统的监测手段,并提供了一个智能管理平台,实现了隧道施工的全天候三维可视模型管理;同时利用大数据技术对监测数据进行智能分析和处理,实现了隧道的动态设计和安全预警预报、安全风险全周期管控的目的。隧道贯通横向、纵向误差均控制在 5mm 以内,为今后行业内类似隧道施工积累了经验。马鞍山隧道于 2021 年 6 月 26 日开工进洞,右洞于 2022 年 9 月 15 日顺利贯通,比计划工期提前 120d。左洞于 2023 年 1 月 11 日顺利贯通,比计划工期提前 150d 贯通。

第八章

道路桥梁工程概述

本章主要介绍道路路基工程的特点要求、结构形式、几何尺寸、防护加固措施等内容;路面的作用与要求、结构组成及分级分类,沥青混凝土和水泥混凝土路面特点以及桥梁结构的组成、分类体系及其受力特点等内容。

第一节 道路路基工程

一、路基工程的特点及基本要求

路基由土质或石质材料组成,是在天然地表按照道路的设计线形(位置)和设计横断面(几何尺寸)的要求,开挖或堆填而成的土石结构物。路基是路面结构的基础,坚实而又稳定的路基,为路面结构长期承受汽车荷载提供了重要保证,提高路基的强度和稳定性,适当减小路面结构厚度,可以降低工程造价。

(一)路基工程的特点

路基是一种设置在地表面、暴露于大自然中,由筑路材料构成的线形工程结构物,它具有结构形式简单、影响因素多变、牵涉范围较广、施工组织不易等特点。

虽然路基结构形式简单,但土石方工程数量却很大,例山岭重丘区二级公路土石方数量可达7万~11万 m^3/km,即便在平原微丘区的三级公路土石方数量也有0.8万~1.6万 m^3/km,高速公路土石方数量会更加巨大,山岭重丘区四车道的高速公路土石方数量可达25万~30万 m^3/km,因此,对路基工程进行精心设计、精心施工,使路基具备应有的强度和稳定性,对节约工程投资,提高运输效益,具有十分重要的意义。

一条道路绵延数十甚至数百公里,沿线的气候、地形、水文和地质等自然条件不尽相同,自然环境变化的因素对路基的物理力学性质以及结构体系性状均影响较大。如果设计和施工不当,路基容易经常性产生各种病害,长久下去必定破坏路基甚至路面结构层,影响交通和行车安全。

路基工程除路基本体外,还有道路排水、防护加固设施,并同桥涵和地下管线相关联,应该相互配合和综合考虑。修建道路时,会涉及生态环境、水土保持和其他地物(如农田、水利、房屋等),必须妥善处理各方面的关系。

在施工组织方面,因路基沿线土石方分布常常不一致,各段采用的施工方法、劳动力和机具配备就有差异,而且工作面狭窄,又受天气等因素的影响,给施工组织和管理带来不少困难;在土石方量集中、水文和地质条件复杂的地段,遇到的技术问题多而难,常成为道路建设的关键。因此,采用先进的施工技术、合理的施工组织、科学的施工管理,对于确保工程质量、提高劳动生产率缩短工期、降低造价、节省土地,安全生产等,都有重要意义。

(二)路基工程的基本要求

路基的断面尺寸和高程都应符合路线设计的要求。此外,作为承受行车荷载的构造物,还应满足以下要求:

(1)应有足够的整体稳定性。路基的修建,改变了原地面的自然平衡状态,在某些地形地质条件下,路堑边坡可能坍塌,路堤可能横向滑移。为使路基具有抵抗自然因素侵蚀的能力,必须采取一定的技术措施来保证路基整体结构的稳定性。

(2)应具有足够的强度。路基既要承受由路面传递下来的行车荷载,还要承受路面和路基的自重,势必对路基土产生一定的应力。只有路基具有足够的强度,才能抵抗应力的作用而不致产生超过允许范围的变形或破损。

(3)应具有足够的水温稳定性。根据土力学的理论,土质路基的强度受其含水率的影响十分显著,在大气负温度作用下,土在冻结过程中水分发生迁移和积聚,这就是土的水温状况。在季节性冰冻地区,由于水温状况的变化,路基将发生冻融循环,而在春融期间其强度急剧下降。因此,应保证路基在最不利的水温状况下仍具有足够的强度,即要求路基具有一定的水温稳定性,这是十分重要的。

二、影响路基稳定的因素

通过对路基强度和稳定性要求的分析可知,影响路基稳定的因素主要有以下几种:

(1)地理地质。道路沿线的地形地貌和海拔高度影响路基设计。平原区地势相对平坦,江河湖泊较多,地表容易积水,地下水位较高,因此,路基必须保持一定的最小填土高度。

(2)气候水文。气温、降水、湿度、日照、风力风向等气候因素都决定道路沿线地面水和地下水的状况,从而影响路基水稳情况。道路沿线的地表水的排泄,河流洪水位、常水位,河岸淤积,地表积水,有无层间水等情况,也同样影响路基稳定性。

(3)土的类别。土是修筑路基的基本材料,不同粒径的土类具有不同的工程性质。砂粒成分多的土,强度高,受水影响小。较细的砂,在渗流情况下,容易流动,形成流沙。黏粒成分多的土,强度随密实程度的不同变化较大,并随湿度的增大而降低。粉土类土毛细现象强烈,路基强度和承载力随着毛细水上升、湿度增大而下降。

三、路基结构形式

路基的构造通常根据路基填挖情况用横断面图表示,其断面形式可分为路堤、路堑和半填挖路基三种类型。

(一)路堤

路基顶面高于原地面的填方路基称为路堤。其断面由路基顶宽、边坡坡度、护坡道、取土坑或边沟、支挡结构、坡面防护等部分组成,如图8-1所示。

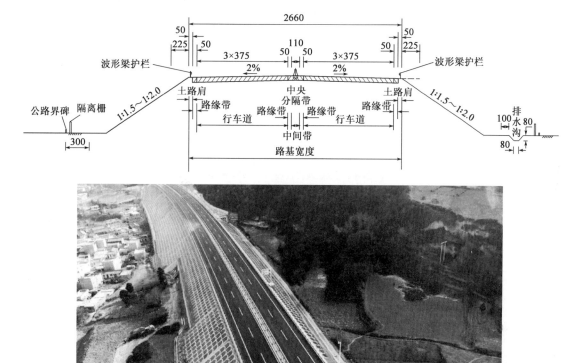

图8-1 填方路堤(尺寸单位:cm)

(二)路堑

全部由地面开挖出来的路基称为路堑。主要有全路堑、半路堑(又称台口式)和半山洞三种形式,如图8-2所示。

(三)半填半挖路基

横断面部分为挖方、部分为填方的路基称为半填半挖路基,如图8-3所示。

四、路基的几何尺寸

路基的几何尺寸由高度、宽度和边坡组成。

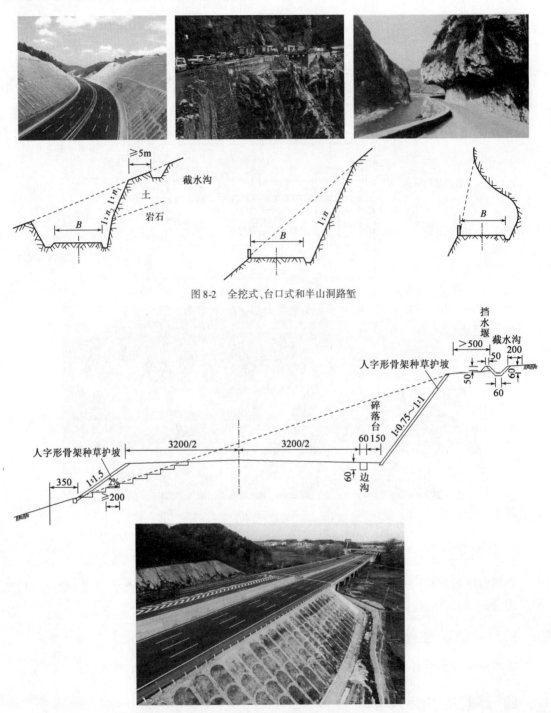

图 8-2 全挖式、台口式和半山洞路堑

图 8-3 半填半挖路基(尺寸单位:cm)

(一) 路基高度

路基的填挖高度由路线纵断面设计确定,要考虑路线纵坡路基稳定性和工程经济等要求。路基设计时要保证路基上部土层终年处于干燥或中湿状态,必须使路堤高度大于规定的最小填土高度。

(二)路基宽度

路基宽度根据设计交通量和公路等级而定。一般每个车道宽度为3.5~3.75m,路肩每边为0.5~1.0m,城镇近郊与非机动车比较集中处,路肩宽度可取为1~3m,并铺筑硬路肩。各级公路路基宽度见《公路工程技术标准》(JTG B01—2014)。

城市道路由于为城市交通服务,特别是其存在机动车、非机动车、行人的混合交通,故其一般由机动车道、非机动车道、人行道、绿化带、排水设施及各种管线工程等组成。

(三)路基边坡

路基边坡坡度用边坡高度h与边坡宽度b之比的值表示,若$h=1m$,边坡坡度记为$1:m$。

五、路基工程附属设施

路基工程的附属设施主要有取土坑、弃土堆、护坡道、碎落台、堆料坪错车道及护栏等。这些设施也是路基设计的组成部分,对保证路基稳定和交通安全具有重要作用。

(一)取土坑

在道路沿线挖取土方填筑路基或用于养护所留下的整齐土坑称为取土坑。路基填方应根据土石方填挖平衡原则,尽量从挖方取土。如需从取土坑借方时,应对取土坑做出规划设计。取土坑应尽量设在荒坡高地上,少占农田,并与农业、水利和环保部门紧密联系,协调发展。

路侧取土坑边缘与路基边缘间应设置护坡道,一般公路为1~2m,高速公路和一级公路为3m。

(二)弃土堆

将开挖路基所废弃的土堆放于道路沿线一定距离的整齐土堆称为弃土堆。弃土堆通常设在就近低洼地或路堑的下边坡一侧,当地面横坡小于1:5时,可设在两侧。开挖路堑的废方,应妥善处理,防止因乱弃造成水土流失,危害路基及农田水利,也要注意堵塞河道而带来的严重破坏环境的不良后果。对于弃方,首先要考虑充分利用,如用以加宽、加固路堤,填补坑洞或路旁洼地,可兼顾农田水利或基建等需要,争取做到废有所用、弃而无患。

(三)护坡道和碎落台

护坡道起到保护路基边坡的作用。护坡道一般设在路堤坡脚或挖方坡脚处。边坡较高时亦可设在边坡上方或挖方边坡的变坡处。浸水路基的护坡道,可设在浸水线以上的边坡上。护坡道宽度至少1.0m。边坡高度为3~6m时,护坡道宽度2m;边坡高度为6~12m时,护坡道宽度2~4m。

碎落台设置于挖方边坡坡脚处,位于边沟外缘,有时亦可设在挖方边坡的中间,宽度为1m。其作用是给零星土石块下落时提供临时堆积,以免堵塞边沟,同时也起护坡道的作用;此外,在弯道上也起到增大视距的作用。

(四)堆料坪和错车道

砂石路面需要经常养护,养护用的砂石料可堆放在路堤边缘外的堆料坪上。错车道是为了单车道公路避让对向来车会车设置的。一般间距为200~500m设置一处,长度为20~30m,宽度2~3m。

(五) 护栏

不封闭的各级公路,当路堤高度大于6m以及急弯陡坡、桥头引道等危险路段,应设置护栏,护栏分为墙式和柱式两种。

六、路基防护与加固

路基的防护加固措施分为坡面防护、堤岸防护、支挡结构及地基加固等。

(一) 坡面防护

坡面防护主要是保护路基边坡表面,以免受到降水、日照、气温、风力等作用的破坏,从而提高路基的稳定性。常用的坡面防护设施有植物防护、骨架植物防护、圬工防护等类型。

1. 植物防护

植物防护是利用植被覆盖坡面,其根系能固结表土,以防水土流失,并可绿化道路,适用于植物容易生长的土质。植物防护一般采用种草、铺草皮、植树等方法。铺草皮用于坡度缓于1:1的边坡,植树适于坡度缓于1:1.5的边坡。

2. 骨架植物防护

浆砌片石或水泥混凝土骨架植草护坡视边坡坡率、土质和当地情况确定骨架形式,并与周围景观相协调。框架内采用植物或其他辅助防护措施,适用于坡度缓于1:0.75的土质和全风化岩石边坡。当坡面受雨水冲刷严重或潮湿时,坡度应缓于1:1。

3. 圬工防护

圬工防护主要方法有喷护、锚杆挂网喷浆、干砌片石护坡以及护面墙。

(二) 堤岸防护

沿河路基和河滩路堤等堤岸,容易遭受水流的侵蚀、冲刷、淘空、浪击以及漂浮物碰撞等作用而破坏,应根据水流特性(流速和方向)、河道的地形、地质、水文条件,采用直接加固岸坡,设置导治结构物(如丁坝、顺坝等),有时也可改移河道,以避免水流冲毁路基。

常用的岸坡冲刷防护措施有植物防护、石砌护被、抛石、石笼和挡土墙等。冲刷防护工程顶面高程,应为设计水位加上波浪侵袭壅水高度及安全高度。

第二节 道路路面工程

一、路面工程的特点及基本要求

路面是在路基顶面的行车部分用各种混合料铺筑而成的层状结构物。路基是路面结构的基础,路面结构层的存在保护了路基,使之避免了直接经受车辆和大气的破坏作用,从而长期处于稳定状态。路基和路面相辅相成,实际上是不可分离的整体。

路面好坏直接影响行车速度、运输成本以及行车安全性和舒适性。例如,沥青路面和砂石路面相比,行车速度可以从 30km/h 提高到 60km/h 左右,油耗降低 15%~20%,轮胎磨耗降低约 20%,运输成本下降 20% 左右。此外,路面结构在道路工程造价占比较大,一般要达到 30% 左右。因此,精心设计施工,提高路基路面长时间的使用性能,对节约投资,提高运输效益,具有十分重要的意义。对此,道路路面应具有以下要求。

(1)足够的强度和刚度。汽车在路面行驶会产生以垂直力、水平力、冲击力、振动力和真空吸力等多种方式作用于路面的"行车荷载",路面在行车荷载的反复作用下累积变形,逐渐出现磨损、开裂、坑槽、沉陷、车辙和波浪等破坏现象。因此,路面在设计年限内必须具有足够的强度和刚度,才能承受行车荷载的作用。

(2)足够的稳定性。路面除了要承受行车荷载作用,由于长时间处于自然环境中,还会受到各种自然因素的作用。水、温度等自然因素对路面具有破坏性的侵蚀作用,使路面强度发生变化。例如,沥青路面在高温季节容易出现波浪、推移、车辙、泛油等病害,在低温时容易发生裂缝等病害。

(3)足够的平整度。路面平整度越差,行车阻力就越大,将使车速降低、油耗上升、轮胎加速磨损,与此同时,车轮对路面的冲击力增大,造成行车颠簸,致使汽车机件和路面迅速损坏。为保证高速行车,提高安全性和舒适性,应保持路面有足够的平整度。道路的等级越高,对平整度的要求也越高。

(4)足够的抗滑性。路面要平整,但不宜光滑,一方面,光滑的路面将使车轮与路面之间缺乏足够的摩擦阻力,车轮容易产生打滑和空转,不能保证高速行车;另一方面,路面抗滑性差将使汽车制动距离增加,行车安全不能保证,容易引起交通事故。行车速度越高,对抗滑性的要求也越高,越是高级路面,越应重视抗滑性问题。

二、路面结构及层位功能

路面铺筑于路基顶面的路槽之中,为了及时排掉路面上方的雨水,路面表面常做成中间高、两侧低的路拱,考虑到行车平顺性要求,目前常用的路拱形式是二次抛物线形或直线形。

从路中心到路面边缘的平均坡度为路拱横坡。路面两侧到路基边缘称为路肩,如图 8-4 所示。

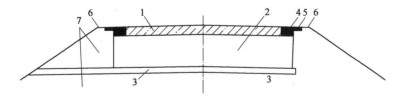

图 8-4 路面结构层次划分示意图
1-面层;2-基层;3-垫层(或隔离层);4-路缘石;5-加固路肩;6-土路肩;7-路基(土基)

(一) 面层

面层是直接同行车和大气相接触的表面层次,它直接承受行车荷载的竖向力,特别是水平力和冲击力的作用,同时又受到降水的侵蚀作用和温度变化的影响。因此,同基层或垫层相比,面层应具有较高的结构强度和刚度,耐磨性,不透水性和温度稳定性,并且表面还应具有良好的平整度和粗糙度。对于高等级道路常用较高级的材料来铺筑,如水泥混凝土、沥青混凝土及其他沥青混合料等。高等级道路的路面面层常由两层或三层组成,则分别称为上面层、中面层和下面层。

(二) 基层

位于面层之下的是基层,它是路面结构中的主要承重层,主要承受由面层传递下来的车轮荷载的竖向力,并将其扩散到下面。因此,对基层材料的要求是,应具有足够的抗压强度和刚度(扩散应力的能力),同时还应具有足够的水稳性,以防基层湿软后变形大。从而导致面层损坏;水泥混凝土面层下的基层则还应具有足够的耐冲刷性。

用作基层的材料,主要有各种结合料(如石灰、水泥或沥青等)稳定土或碎(砾)石混合料,各种工业废渣混合料,贫水泥混凝土,各种碎(砾)石混合料或天然砂砾以及片石、块石等材料。当基层较厚时,常分两层铺筑,分别称为基层和底基层。

(三) 垫层

垫层是介于基层和土基之间的层次,其主要作用是调节和改善土基的湿度和温度状况,以保证道路结构的稳定性和抗冻能力。因此,通常在土基水温状况不良时设置。

垫层材料的强度要求不一定高,但其水稳性、隔温性和透水性要好。常用材料有两类,一类是由松散的颗粒材料,如砂、砾石、炉渣等组成的透水性垫层;另一类是石灰土或炉渣石灰土等稳定土垫层。

三、路面的等级和分类

(一) 路面等级

路面的等级(表 8-1)是按面层材料组成、结构强度、路面所能承担的交通任务和使用品质来划分的,通常有以下四个等级:

1. 高级路面

结构强度高,使用寿命长,适应较大的交通量,平整无尘;能保证高速、安全、舒适的行车要求;养护费用少,运输成本低;但建设投资大,需要优质材料。

路面等级划分　　　　表 8-1

路面等级	面层类型	适用的公路等级
高级路面	水泥混凝土、热沥青混合料整齐铺砌	高速公路、一二级公路
次高级路面	沥青贯入式、路拌沥青碎石、沥青表处、半整齐块料	二、三级公路
中级路面	碎砾石路面、不整齐块料、其他块料	三、四级公路
低级路面	粒料加固土及其他	四级公路

2.次高级路面

各项指标低于高级路面,造价比高级路面低,要定期维修,养护费用和运输成本也较高。

3.中级路面

中级路面强度和刚度低,稳定性差,使用期限短,平整度差,易扬尘,仅适用于较小的交通量,造价低,需经常性维护,工作量大,行车噪声大,不能保证行车舒适,运输成本高。

4.低级路面

强度和刚度最低,水稳定性差,路面平整性差,易扬尘,只能保证低速行车,所适应的交通量最小,在雨季有时不能通车。低等级路面初期建设投资最低,但要求经常维护,且运输成本最高。

(二)路面分类

从路面面层材料划分,可分为水泥混凝土路面、沥青混凝土路面、砂石路面等。从路面结构在行车荷载作用的力学特性和设计方法的相似性划分,可分为柔性路面、刚性路面和半刚性路面三类。

1.柔性路面

柔性路面结构刚度较小,在车辆荷载作用下产生较大的弯沉变形,路面结构本身的抗弯拉强度较低,通过各结构层将车辆荷载传递给土基,使土基承受较大的单位压力。柔性路面主要包括各种未经处理的粒料基层和各类沥青面层、碎(砾)石面层或块石面层组成的路面。

2.刚性路面

刚性路面主要指用水泥混凝土作面层或基层的路面结构。与柔性路面相比,水泥混凝土强度和抗弯拉强度均较高,有较高的弹性模量。在行车荷载作用下,水泥混凝土结构层处于板体工作状态,竖向弯沉小,路面结构主要靠水泥混凝土板的抗弯拉强度承受车辆荷载,通过板体的扩散分布作用,传递给基础上的单位压力较柔性路面要小。

3.半刚性路面

用水泥、石灰、粉煤灰等无机结合料处治的土或碎(砾)石及含有水硬性结合料的工业废渣修筑的基层,在前期具有柔性路面的力学性质,后期强度和刚度均有较大幅度的增长,但其最终的强度和刚度远小于水泥混凝土。由于这种材料的刚性介于柔性路面和刚性路面之间,因此把这种基层和铺筑于其上的沥青面层统称为半刚性路面,这种基层称为半刚性基层。

四、沥青混凝土路面概述

(一)沥青路面的特性

沥青路面是用沥青材料作结合料黏结矿料修筑面层与各类基层和垫层组成的路面结构。

沥青面层中的沥青混合料,增强了矿料间的黏结力,提高了混合料的强度和稳定性,提高了路面的使用质量和耐久性。与水泥混凝土路面相比,沥青路面具有表面平整、无接缝、行车舒适、耐磨、振动小、噪声低、施工周期短、养护维修简便、适宜于分期修建等优点。

沥青路面属于柔性路面,其强度和稳定性很大程度上取决于土基和基层的特性。又因为沥青路面抗弯拉强度低,因而要求路面的基础应具有足够的强度和稳定性。在施工过程中,要对路基进行充分碾压。

水和温度对沥青路面影响较大,在低温时,沥青路面容易变脆,易发生冻胀开裂,需设置防冻层。沥青面层修筑后,由于沥青透水性较差,土基和基层内的水分难以排出,在潮湿路段易发生土基和基层松软,导致路面破坏。因此必须提高基层的水稳性。

在交通量较大的路段,为使沥青路面具有一定的抗弯拉和抗疲劳开裂能力,宜在沥青面层下设置沥青混合料联结层。在旧路面上加铺较薄的沥青面层时,需要采取措施加强面层与基层的黏结,保证路面结构的整体强度。

(二)沥青路面的分类

1. 按强度构成原理分类

沥青路面可分为密实型和嵌挤型两大类。密实型沥青路面要求矿料的级配以最大密实原则设计,其强度和稳定性主要取决于混合料的黏聚力和内摩阻力,按其空隙率的大小可分为闭式和开式两种:闭式混合料中含有较多的细矿料颗粒,空隙率小于6%,混合料致密而耐久;开式混合料中细矿料颗粒含量较少,空隙率大于6%。嵌挤型沥青路面要求采用颗粒尺寸较为均匀的矿料,路面的强度和稳定性主要依靠集料颗粒之间相互嵌挤所产生的内摩阻力,而黏聚力则起着次要作用,按嵌挤原则修筑的沥青路面,其热稳定性较好,但因空隙率较大、易渗水,因而耐久性较差。

2. 按施工工艺分类

沥青路面可分为层铺法、路拌法和厂拌法三类。

层铺法沥青路面是用分层洒布沥青,分层铺撒矿料和碾压的方法修筑的沥青路面。其主要优点是工艺和设备简便功效较高、施工进度快、造价较低。其缺点是路面成型期较长,需要经过炎热季节行车碾压之后,路面方能成型。用这种方法修筑的沥青路面有沥青表面处治和沥青贯入式两种。

路拌法沥青路面是在路上用机械将矿料和沥青材料就地拌和摊铺和碾压密实而成型的沥青面层。此类面层所用的矿料为碎(砾)石者称为路拌沥青碎(砾)石;所用的矿料为土者则称为路拌沥青稳定土。路拌沥青面层,通过就地拌和,沥青材料在矿料中分布比层铺法均匀,可以缩短路面的成型期。但因所用的矿料为冷料,需使用黏稠度较低的沥青材料,故混合料的强度较低。厂拌法沥青路面是将规定级配的矿料和沥青材料在工厂用专用设备加热拌和,然后送到工地摊铺碾压而成型的沥青路面。矿料中细颗粒含量少,不含或含少量矿粉,混合料为开级配的(空隙率达10%~15%),称为厂拌沥青碎石;若矿料中含有矿粉,混合料是按最佳密实级配配制的(空隙率10%以下),称为沥青混凝土。

厂拌法按混合料铺筑温度的不同,又可分热拌热铺和热拌冷铺两种。热拌热铺是混合料在专用设备加热拌和后立即趁热运到路上摊铺压实,如果混合料加热拌和后储存一段时间再在常温下运到路上摊铺压实,即为热拌冷铺。厂拌法使用较黏稠的沥青材料,且矿料经过精选,因而混合料质量高,使用寿命长,但修建费用也较高,是目前我国沥青路面工程应用中最普遍采用的类型。

3. 按沥青路面技术特性分类

沥青面层可分为沥青混凝土、热拌沥青碎石、乳化沥青碎石、沥青贯入式和沥青表面处治五种类型。此外,沥青玛琋脂碎石(SMA)及开级配沥青混合料磨耗层(OGFC)近年在我国也得到广泛应用。沥青混凝土路面是指用沥青混凝土作面层的路面,其面层可由单层、双层或三层沥青混合料组成,各层混合料的组成设计应根据其层厚和层位、气温和降雨量等气候条件、交通量和交通组成等因素确定,以满足对沥青面层使用功能的要求。沥青混凝土常用作高等级公路的面层。SMA路面是指用沥青玛琋脂碎石混合料作面层或表面抗滑层的路面,以间断级配的集料为骨架,用改性沥青、矿粉及纤维素组成的沥青玛琋脂为结合料,经拌和、摊铺、压实而形成的一种构造深度较大的抗滑面层。它具有抗滑耐磨、空隙率小、抗疲劳、高温抗车辙、低温抗开裂的优点,常用于高速公路、一级公路和其他重要公路的表面层。OGFC具有较强的内部渗排水能力,适用于多雨地区沥青路面的表面层或磨耗层。

五、水泥混凝土路面概述

(一)水泥混凝土路面的特性

水泥混凝土路面是指以水泥混凝土板作为面层,下设基层和垫层,又称为刚性路面。在我国公路和城市道路建设中,采用最广泛的是现场浇筑的普通混凝土路面,这类混凝土路面除接缝区和局部范围(边缘或角隅)外,不配置钢筋,也称素混凝土路面。

1. 力学特性

混凝土的抗弯拉强度比抗压强度低得多(为抗压强度的1/7~1/6),在车轮荷载的作用下,当弯拉应力超过混凝土的极限抗弯拉强度时,混凝土板便产生断裂破坏,在荷载反复作用下,混凝土板会低于极限抗弯拉强度时便出现破坏。

2. 温度变化特性

混凝土随温度、湿度的变化而发生变形,导致混凝土路面板产生收缩、膨胀和翘曲。如果板的尺寸过大,这些变形会受到约束,使板内产生较大应力,从而出现开裂、拱胀,甚至断裂等破坏。为减少温度、湿度影响产生的应力,防止出现不规则裂缝,混凝土路面需要在纵横两个方向设置接缝,将板块划分成一定尺寸的矩形板。

3. 变形特性

水泥混凝土是一种脆性材料,它在断裂时的相对拉伸变形很小,因此在荷载作用下,土基和基层的变形情况对混凝土板的影响很大,不均匀的基础变形会使混凝土板与基层脱空,在车轮荷载作用下板产生过大的弯拉应力而遭破坏。

(二)水泥混凝土路面的优缺点

水泥混凝土路面优点有:

(1)强度高。混凝土路面具有很高的抗压强度和较高的抗弯拉强度以及抗磨耗能力。

(2)稳定性好。混凝土路面的水稳性、热稳性均较好,特别是它的强度能随着时间的延长而逐渐提高,不存在沥青路面的"老化"现象。

(3)耐久性好。由于混凝土路面的强度和稳定性好,所以它经久耐用,一般能使用20~40年,而且能通行包括履带式车辆等在内的各种运输工具。

(4)有利于夜间行车。混凝土路面色泽鲜明,能见度好,对夜间行车有利。

同时,水泥混凝土路面也具有以下缺点:

(1)对水泥和水的需要量大,这给水泥供应不足和缺水地区带来一定的困难。

(2)有接缝。混凝土路面中存在的纵横向接缝,不但会增加施工和养护工作的烦琐性,而且容易引起行车跳动,影响行车的舒适性;接缝处又是路面的薄弱点,如处理不当,将导致路面板边和板角处破坏。

(3)开放交通较迟。混凝土路面施工要经过28d的湿治养护,才能开放交通。

(4)修复较为困难。混凝土路面损坏后,损坏部位破除困难,修补工作量也大,且影响交通时间较长。

第三节 桥梁工程

道路路线遇到江河湖泊、山谷深沟或者铁路、公路等障碍时,为了保持道路的连续性,需要建造专门的人工构造物——桥梁来跨越障碍。

一、桥梁的基本组成

桥梁一般由上部结构(桥跨结构)、下部结构(桥墩、桥台和基础)、支座、附属设施(桥面铺装、防水排水系统、栏杆、伸缩缝等)几部分组成,如图8-5所示。

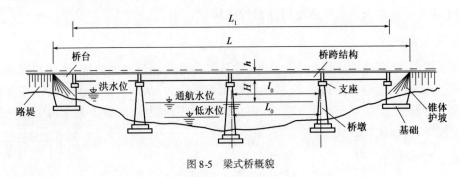

图 8-5 梁式桥概貌

(一)桥跨结构

桥跨结构是指在路线中断时跨越障碍的主要承重结构。当需要跨越幅度比较大,并且除恒载要求安全地承受很大车辆荷载的情况下,桥跨结构的构造就比较复杂,施工也较为困难。

(二)桥墩和桥台

桥墩和桥台是指支撑桥跨结构并将恒载和车辆活载传至地基的建筑物。通常设置在桥两端的称为桥台,桥台除了上述作用,其与路堤衔接,以抵御路堤土压力,防止路堤填土的滑坡和坍落。单孔桥中间没有桥墩。桥墩和桥台中让全部荷载传至地基的底部奠基部分,称为基础,基础常埋于土层之中,并且需在水下施工,故也是桥梁施工中比较困难的一个部分。

（三）支座和护坡

桥梁中在桥跨结构与桥墩或桥台的支撑处设置的传力装置,称为支座,它不仅要传递很大的荷载,也要保证桥跨结构能产生一定的变位。在路堤与桥台的连接处,一般在桥台两侧设置石砌的锥形护坡。

（四）水位

河流在枯水季节的最低水位为低水位;洪峰季节河流中的最高水位称为高水位。桥梁设计中按规定的设计洪水频率计算所得到的高水位,称为设计洪水位。

（五）桥梁布置和结构相关的尺寸及术语

(1)跨径:净跨径对于梁式桥,是设计洪水位上相邻两个桥墩（或桥台）之间的净距,用 l_0 表示;对于拱式桥,是每孔拱跨两个拱脚截面最低点之间的水平距离。总跨径是多孔桥梁中各孔净跨径的总和,也称桥梁孔径,反映了桥下泄洪的能力。计算跨径对于具有支座的桥梁,是指桥跨结构相邻及两个支座中心之间的距离;对于拱式桥,是相邻拱脚截面形心点之间的水平距离,用 L_0 表示。

(2)桥长:桥梁全长简称桥长,是桥梁两端两个桥台的侧墙或八字墙后墙端点之间的距离,以 L 表示。

(3)相关高度:桥高指桥面与低水位之间的高差或桥面与桥下线路路面之间的距离。桥下净空高度是设计洪水位或计算通航水位至桥跨结构最下缘之间的距离,它应保证能安全泄洪,并不得小于对该河流通航所规定的净空高度,以 H 表示。建筑高度是桥上行车路面高程至桥跨结构最下缘之间的距离,以 h 表示,它不仅与桥跨结构的体系和跨径大小有关,而且还随行车部分在桥上布置的高度位置有关。公路定线中确定的桥面高程,与通航净空顶部高程之差,称为容许建筑高度。桥梁的建筑高度应不大于其容许建筑高度。

(4)矢高和矢跨比。净矢高是从拱顶截面下缘至相邻两拱脚截面下缘最低点之间连线的垂直距离,以 f_0 表示。计算矢高是从拱顶截面形心至相邻两拱脚截面形心之间连线的垂直距离,以 f 表示。矢跨比是拱桥中拱圈（或拱肋）的计算矢高 f 与计算跨径 l 之比,也称拱矢度,是反映拱桥受力特性的一个重要指标,如图8-6所示。

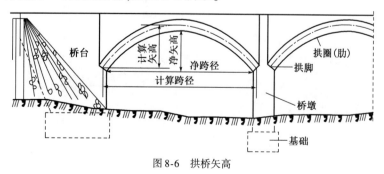

图 8-6 拱桥矢高

二、桥梁的主要类型

桥梁常见的基本体系主要有梁式桥、拱式桥、刚架桥、悬索桥、斜拉桥。

(一) 梁式桥

梁式桥是使用最广泛的桥梁形式。在竖直荷载作用下无水平反力,梁的截面只承受弯矩,支座只承受竖直方向的力的桥梁结构形式。与同样跨径的其他结构体系相比,梁内的弯矩最大,通常需要用抗弯能力强的材料,例如钢、木、钢筋混凝土等来建造。为了节约钢材,在公路上应用最广的是预制装配式的钢筋混凝土简支梁桥。这种梁桥的结构简单,施工方便,对地基承载力要求不高,但其常用跨径在25m以下。当跨径较大时,需要采用预应力混凝土简支或连续式梁桥,但跨度一般也不超过50m。为了达到经济、省料目的,可根据地质条件修建悬臂式或连续式梁桥。对于很大跨径,以及对于承受很大荷载的特大桥梁,除可建造使用高强度材料的预应力混凝土梁桥外,也可建造钢桥,如图8-7~图8-10所示。

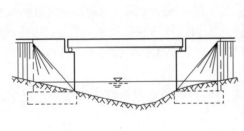

图8-7 简支梁桥

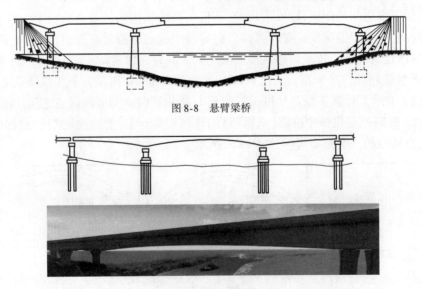

图8-8 悬臂梁桥

图8-9 连续式梁桥

图 8-10　钢桥

(二) 拱式桥

拱桥的主要承重结构是拱圈或拱肋,这种结构在竖向荷载作用下,桥墩或桥台将承受水平推力。同时,这种水平推力将显著抵消荷载所引起在拱圈(或拱肋)内的弯矩作用。和同跨径的梁相比,拱的弯矩和变形要小得多。拱桥的承重以受压为主,通常可采用抗压能力强的圬工材料(如砖、石、混凝土)和钢筋混凝土等来建造。

为确保拱桥安全使用,下部结构和地基必须能经受住很大的水平推力的不利作用。对于很大跨度的桥梁,也可建造拱桥。在地基条件不适于修建具有强大推力的拱桥的情况下,必要时也可建造水平推力由钢或预应力筋做成的抗拉系杆拱桥。

拱桥有三种不同承式的桥梁,车辆在主要承重结构(拱或梁)之上行驶的,为上承式桥梁;车辆在主要承重结构之下行驶的,为下承式桥梁,其余为中承式桥梁,如图 8-11~图 8-13 所示。

图 8-11　上承式拱桥

图 8-12　下承式拱桥

图 8-13　中承式拱桥

(三)刚架桥

刚架桥的主要承重结构是梁或板和立柱或竖墙整体结合在一起的刚架结构,梁和柱的连接处具有很大的刚性。在竖向荷载作用下,梁部主要受弯,而在柱脚处也具有水平反力,其受力状态介于梁桥与拱桥之间。刚架桥跨中的建筑高度可以做得比较小,当遇到路线立体交叉或跨越江河时,采用这种桥型能尽量降低路线高程,从而改善纵坡并减少路堤土方量,如图 8-14 所示。

图 8-14　刚架桥

(四)悬索桥

传统悬索桥均用悬挂在两边塔架上的强大缆索作为主要承重结构,在竖向荷载作用下,通过吊杆使缆索承受很大的拉力,需要在两岸塔台的后方修筑非常大的锚碇结构。悬索桥具有水平反力(拉力)的结构,现代悬索桥采用高强度钢丝成股编制钢缆,可充分发挥抗拉性能,自重较轻。此外,成卷的钢缆易于运输,结构的组成构件较轻,便于无支架悬吊拼装,如图 8-15 所示。

图 8-15　悬索桥

(五)斜拉桥

斜拉桥由斜索、塔柱和主梁组成。用高强度钢材制成的斜拉索将主梁多点吊起,并将主梁的恒载和车辆荷载传至塔柱,再通过塔柱基础传到地基。这样,跨度较大的主梁就像一根多点弹性支承(吊起)的连续梁一样工作,从而可使主梁尺寸大大减小,结构自重显著减轻,既节省了结构材料,又大幅度地增大桥梁的跨越能力。与悬索桥相比,斜拉桥的结构刚度大,在荷载作用下的结构变形也小得多,抗风能力也优于悬索桥。

斜索在立面上常布置为竖琴形和扇形两种。常用的斜拉桥是三跨双塔式结构,但在实践中往往根据河流、地形、通航要求等情况,采用对称与不对称的双跨独塔式斜拉桥,如图 8-16 所示。

图 8-16　斜拉桥

第九章 道路桥梁工程制图与识图

工程图样是道路桥梁建设必不可少的技术资料,设计图纸也是路桥从业人员交流的语言。道路桥梁建筑信息模型技术(BIM 技术)是工程图样的数字化、立体化表达形式,每一个道路桥梁建筑信息模型技术应用人员均应该熟悉和掌握道路桥梁工程制图和工程图纸识读的基本知识和技能。本章以国家标准为基础,介绍了路桥工程制图涉及的投影关系、视图表达方式、路桥工程图识读等内容。

第一节 道路工程制图标准

为使工程图样图形准确,图面清晰,符合生产要求,便于技术交流和存档,绘制路桥工程图样时必须遵循统一的标准,即《道路工程制图标准》(GB 50162—92)(以下简称《国标》)。本节主要介绍《国标》的相关规定。

一、图幅

图幅是指图纸的幅面大小。对于一整套的图纸,为了便于装订、保存和合理使用,国家标准对图纸幅面进行了规定,如表 9-1 所示。表中尺寸单位为 mm,幅画格式如图 9-1 所示。在选用图幅时,应根据实际情况,以一种规格的图纸为主,尽量避免大小幅面掺杂使用。

根据需要,图纸幅面尺寸中长边可以加长,但短边不得加宽,长边加长的尺寸应符合表 9-2 的有关规定。长边加长时图幅 A0、A2、A4 应为 150mm 的整倍数,图幅 A1、A3 应为 210mm 的整倍数。

图幅及图框尺寸(单位:mm)　　　　　　表 9-1

尺寸代号	图幅代号				
	A0	A1	A2	A3	A4
$B \times L$	841×1189	594×841	420×594	297420	210×297
a	25				
c	10	5			

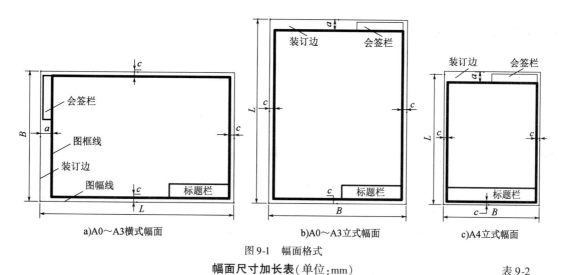

a) A0~A3横式幅面　　b) A0~A3立式幅面　　c) A4立式幅面

图 9-1　幅面格式

幅面尺寸加长表（单位：mm）　　　　　　　　　　　　　　表 9-2

幅面代号	长边尺寸	长边加长后尺寸
A0	1189	1338　1487　1635　1784　1932　2081　2230　2387
A1	841	1051　1261　1472　1682　1892　2102
A2	594	743　892　1041　1189　1338　1487　1635　1783 1932　2080
A3	420	631　841　1051　1261　1472　1682　1892

图纸幅面的长边是短边的 $\sqrt{2}$ 倍，即 $L=\sqrt{2}B$，且 A0 幅面的面积为 $1m^2$。A1 幅面是沿 A0 幅面长边的对裁，A2 幅面是沿 A1 幅面长边的对裁，其他幅面以此类推。

二、标题栏

为了方便查阅图纸，图框内右下角应绘图纸标题栏。《国标》规定的图标栏格式有三种，如图 9-2 所示。图标栏外框线线宽宜为 0.7mm，内分格线线宽宜为 0.35mm。

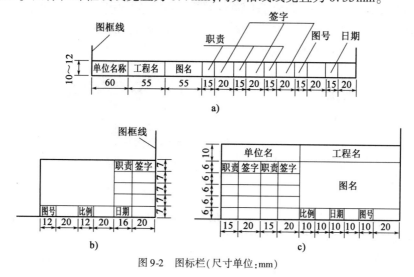

图 9-2　图标栏（尺寸单位：mm）

三、会签栏与角标栏

设计中使用了新技术、新工艺、新材料需要会签的图纸,在图框外左下角应绘制会签栏,格式如图9-3所示。会签栏外框线线宽宜为0.5mm,内分格线线宽宜为0.25mm。

当同一类型图纸由多页组成时,需要绘制角标。角标应布置在图框内右上角,格式如图9-4所示,角标栏线宽宜为0.25mm。

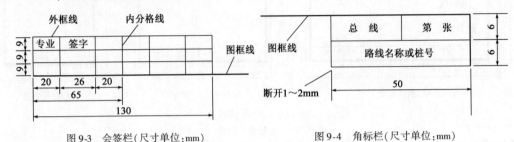

图9-3　会签栏(尺寸单位:mm)　　　　图9-4　角标栏(尺寸单位:mm)

四、比例

比例是指图样中图形与实物相应线性尺寸之比。绘图过程中,一般应遵循布图合理、均匀、美观的原则以及图形大小和图面复杂程度来选择相应的比例,常用比例见表9-3。

绘图比例　　　　　　　　　　　　　　表9-3

常用比例	1:1、1:2、1:5、1:10、1:20、1:50、1:100、1:200、1:500、1:1000、1:2000、1:5000、1:10000、1:20000、1:50000、1:100000、1:200000
可用比例	1:3、1:15、1:25、1:30、1:40、1:60、1:150、1:250、1:300、1:400、1:600、1:1500、1:2500、1:3000、1:4000、1:6000、1:15000、1:30000

比例应采用阿拉伯数字表示,且标注在视图图名的右侧或下方,字高应比图名字体小一号或二号,如图9-5a)、b)所示。当一张图纸采用的比例相同时,可在图标中的比例一栏注明,也可以在图纸的适当位置标注;当同一张图纸中各图比例不同时,则应分别标注,其位置应在各图名的下侧或右侧;当需要竖直方向与水平方向采用不同的比例时,可采用图9-5c),图中,V表示竖直方向比例,H表示水平方向比例。

图9-5　比例的标注

五、线型

工程图样是由不同种类的图线构成,这些图线可区分图中的主次和表达图样的不同内容,《国标》中对线型、线宽、画法和适用范围做出了规定。

图线的宽度应根据所绘工程图的复杂程度及比例大小,从0.18mm、0.25mm、0.35mm、

0.5mm、0.7mm、1.0mm、1.4mm、2.0mm 中选取。每个图样一般使用不超过三种线宽,即粗线(线宽为 b)、中粗线、细线,比例规定为 $b:0.5b:0.35b$。绘图时,应根据图样的不同情况,选用如表9-4所示的线宽组合。

线宽组合　　　　　　表9-4

线宽比	线宽组(mm)				
b	1.4	1.0	0.7	0.5	0.35
$0.5b$	0.7	0.5	0.35	0.25	0.25
$0.25b$	0.35	0.25	0.18 (0.2)	0.13 (0.15)	0.13 (0.15)

注:表中括号内数字为代用的线宽。

图纸中常用的线型及线宽应符合表9-5的规定。

图线的线型、线宽及用途　　　　表9-5

名称	线型	线宽	一般用途
标准实线	——	b	可见轮廓线、钢筋线
细实线	——	$0.25b$	尺寸线、剖面线、引出线、图例线、原地面线
中粗实线	——	$0.5b$	较细的可见轮廓线、钢筋线
加粗实线	——	$(1.4\sim2.0)b$	图框线、路线设计线、地平线
粗虚线	----	b	地下管道或建筑物
中粗虚线	----	$0.5b$	不可见轮廓线
细点画线	-·-·-	$0.25b$	中心线、对称线、轴线
中粗点画线	-·-·-	$0.5b$	用地界线
双点画线	-··-··-	$0.25b$	假想轮廓线、规划道路中线、地下水位线
粗双点画线	-··-··-	b	规划红线
波浪线	～～～	$0.25b$	断开界线
折断线	—/—	$0.25b$	断开界线

六、字体

文字、数字、字母或符号是工程图样的重要组成部分。若字体潦草,不仅会影响图面整洁美观,更可能导致辨认困难,引起读图错误,造成工程事故。因此要求工程图样中字体端正、笔画清晰、排列整齐、标点符号清楚正确,而且要求采用规定的字体和按规定的大小书写。

（一）汉字

《国标》规定工程图样中汉字应采用长仿宋体字，并采用国家正式公布的简化字。汉字的宽度与高度的比例为2:3，如表9-6所示。字体的高度（用 h 表示，单位为mm）即为字号，常用的有3.5、5、7、10、14、20等。汉字书写要求采用从左向右、横向书写的格式，且汉字高度最小不宜小于3.5mm。

长仿宋体字的高度尺寸（单位：mm） 表9-6

字高（即字号）	20	14	10	7	5	3.5
字宽	14	10	7	5	3.5	2.5

（二）数字和字母

图纸中的阿拉伯数字、外文字母、汉语拼音字母笔画宽度宜为字高的1/10。大写字母的宽度宜为字高的2/3，小写字母的字宽宜为字高的1/2。

数字与字母的字体有直体或斜体两种形式，直体笔画的横与竖笔画夹角应为90°；斜体的字头向右倾斜，与水平线接近75°。同一册图纸中的数字和字母一般应保持一致，数字与字母若与汉字同行书写，其字高应比汉字的高小一号。数字与字母见图9-6。

图9-6 数字和字母示例

七、尺寸标注

工程图上必须准确、完整、清晰地标注出构造物的实际尺寸。《国标》规定了尺寸标注的基本规则和方法，绘图和识图时必须遵守。

（一）基本规则

(1) 工程图样上所有尺寸标注的数值都是构造物的实际大小，与图样的比例及绘图的准确性无关。

(2) 在道路工程图中，线路的里程桩号以千米（km）为单位；高程、坡长和曲线要素均以米（m）为单位；一般的砖、石、混凝土等构造物和结构物以厘米（cm）为单位；钢筋和钢材的长度以厘米(cm)为单位;断面尺寸以毫米(mm)为单位。图样中标注数字之后不必注写单位,但在注解和技术要求等说明性文字中要注明尺寸单位。

(二)尺寸标注要求

(1)尺寸应标注在视图醒目的位置。尺寸应由尺寸界线、尺寸线、尺寸起止符和尺寸数字组成,如图9-7所示。

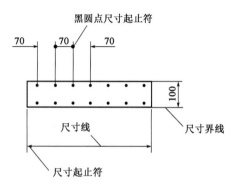

图9-7 尺寸起止符的图示方法

(2)尺寸界线与尺寸线均应采用细实线。尺寸起止符宜采用单边箭头表示,箭头在尺寸界线的右边时,应标注在尺寸线之上;反之,应标注在尺寸线之下。箭头大小可按绘图比例取值。尺寸起止符也可采用斜短线表示。把尺寸界线按顺时针转45°,作为斜短线的倾斜方向。在连续表示的小尺寸中,也可在尺寸界线同一水平的位置,用黑圆点表示尺寸起止符。

尺寸数字宜标注在尺寸线上方中部。当标注位置不足时,可采用反向箭头。最外边的尺寸数字,可标注在尺寸界线外侧箭头的上方,中部相邻的尺寸数字,可错开标注,如图9-7所示。

(3)尺寸界线的一端应靠近所标注的图形轮廓线,另一端宜超出尺寸线1~3mm。图形轮廓线、中心线也可作为尺寸界线。尺寸界线宜与被标注长度垂直;当标注困难时,也可不垂直,但尺寸界线应相互平行如图9-8所示。

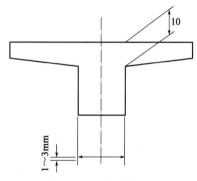

图9-8 尺寸界线的标注

(4)尺寸线必须与被标注长度平行,不应超出尺寸界线,任何其他图线均不得作为尺寸线。在任何情况下,图线不得穿过尺寸数字。相互平行的尺寸线应从被标注的图形轮廓线由近向远排列,平行尺寸线间的间距可在 5~15mm 之间。分尺寸线应离轮廓线近,总尺寸线应离轮廓线远,如图 9-9 所示。

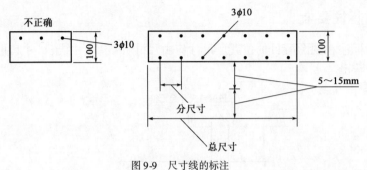

图 9-9 尺寸线的标注

(5)尺寸数字及文字书写方向应按图 9-10 标注。即水平尺寸字头朝上,垂直尺寸字头朝左,倾斜尺寸的尺寸数字保持字头仍有朝上趋势。在同一张图纸上,尺寸数字的大小应保持一致。

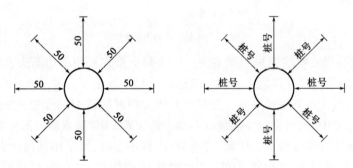

图 9-10 尺寸数字、文字的标注

(6)当用大样图表示较小且复杂的图形时,其放大范围,应在原图中采用细实线绘制圆形或较规则的图形圈出,并用引出线标注,如图 9-11 所示。

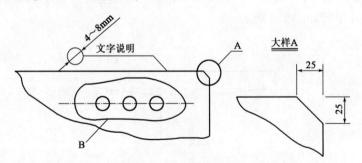

图 9-11 大样图范围的标注

(7)引出线的斜线与水平线应采用细实线,其交角 α 可按 90°、120°、135°、150°绘制。当视图需要文字说明时,可将文字说明标注在引出线的水平线上。当斜线在一条以上时,各斜线宜平行或交于一点,如图 9-12 所示。

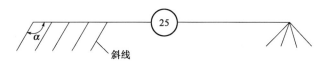

图 9-12　引出线的标注

(8) 半径与直径可按图 9-13a) 标注。当圆的直径较小时,半径与直径可按图 9-13b) 标注;当圆的直径较大时,半径尺寸的起点可不从圆心开始,如图 9-13c) 所示。半径和直径的尺寸数字前,应标注"$r(R)$"或"$\phi(D)$",如图 9-13a) 所示。

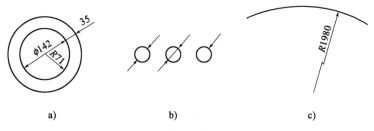

图 9-13　半径和直径的标注

(9) 圆弧尺寸宜按图 9-14a) 标注,当弧长分为数段标注时,尺寸界线也可沿径向引出,如图 9-14b) 所示。弦长的尺寸界线应垂直该圆弧的弦,如图 9-14c) 所示。

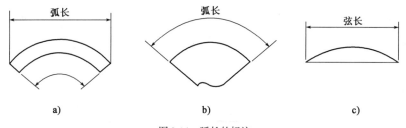

图 9-14　弧长的标注

(10) 角度尺寸线应以圆弧表示。角的两边为尺寸界线。角度数值宜写在尺寸线上方中部。当角度太小时,可将尺寸线标注在角的两条边的外侧。角度数字宜按图 9-15 标注。

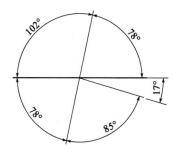

图 9-15　角度的标注

(11) 尺寸的简化画法应符合下列规定:
①连续排列的等长尺寸可采用"间距数乘间距尺寸"的形式标注,如图 9-16 所示。

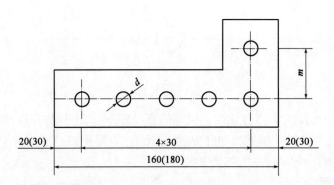

图 9-16 相似图形的标注

②两个相似图形可仅绘制一个。未示出图形的尺寸数字可用括号表示。如有数个相似图形,当尺寸数值各不相同时,可用字母表示,其尺寸数值应在图中适当位置列表示出,如表 9-7 所示。

尺寸对照表　　　　　　　　　　　　　　　表 9-7

编号	尺寸	
	m	d
1	25	10
2	40	20
3	60	30

(12)倒角尺寸可按图 9-17a)标注,当倒角为 45°时,也可按图 9-17b)标注。

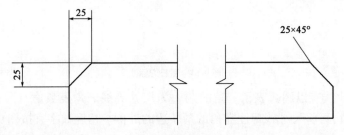

图 9-17 倒角的标注

(13)标高符号应采用细实线绘制的等腰三角形表示。高为 2~3mm,底角为 45°。顶角应指至被注的高度,顶角向上、向下均可。标高数字宜标注在三角形的右边。负标高应冠以"−"号,正标高(包括零标高)数字前不应冠以"+"号。当图形复杂时,也可采用引出线形式标注如图 9-18 所示。

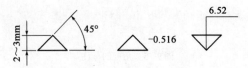

图 9-18 标高的标注

(14)当坡度值较小时,坡度的标注宜用百分率表示,并应标注坡度符号。坡度符号应由细实线、单边箭头以及在其上标注百分数组成。坡度符号的箭头应指向下坡。当坡度值较大时,坡度的标注宜用比例的形式表示,例如 $1:n$,如图 9-19 所示。

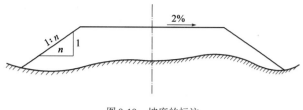

图 9-19 坡度的标注

(15)水位符号应由数条上长下短的细实线及高程符号组成。细实线间的间距宜为 1mm,如图 9-20 所示。其高程的标注应符合前述规定。

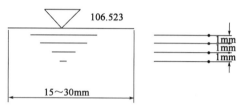

图 9-20 水位的标注

第二节 投影基本知识

创建路桥工程结构物的信息模型,首先要能完整而准确地表达出工程结构物的形状和大小的图样。这种图样通常采用投影的原理和方法绘制。本节着重介绍正投影法的基本原理和三面投影图的形成及其基本规律,还要学习点、直线、平面的投影绘制方法。

一、投影的形成与分类

(一)投影的概念

日常生活中,物体在光线(灯光和阳光)的照射下,会在地面或墙面上产生影子,这是常见的自然现象。当光线照射的角度或距离改变时,影子的位置、大小及形状也随之改变,由此看来,光线、物体和影子三者之间,存在着一定的联系。

如图 9-21a)所示,桥台模型在正上方的灯光照射下,产生了影子,随着光源、物体和投影面之间距离的变化,影子会发生相应的变化,这是光线从一点射出的情形。如果把光源移到无穷远处,即假设光线变为互相平行并垂直于地面时,影子的大小就和基础底板一样大了,如图 9-21b)所示。

人们通过对这种现象进行科学的抽象,按照投影的方法,把形体的所有内外轮廓和内外表面交线全部表示出来,且在投影方向上,凡可见的轮廓线画实线,不可见的轮廓线画虚线。这样,形体的影子就发展成为能满足生产需要的投影图,简称投影,如图 9-21c)所示。这种投影的方法满足了用二维平面表示三维形体的方法,称为投影法。我们把光线称为投射线,把承受投影的平面称为投影面。

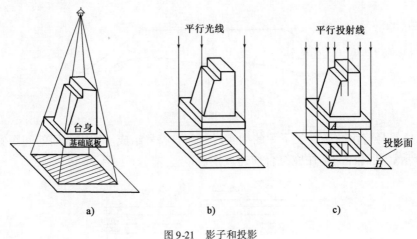

图 9-21 影子和投影

(二)投影的分类

按投射线的不同情况,投影可分为两大类:

1. 中心投影

所有投射线都从一点(投影中心)引出的,称为中心投影。如图 9-22 所示,若投影中心为 S,把投射线与投影面 H 的各交点相连,即得三角板的中心投影。

2. 平行投影

所有投射线互相平行则称为平行投影。若投射线与投影面斜交,称为斜角投影或斜投影,如图 9-23a)所示;若投射线与投影面垂直,则称为直角投影或正投影,如图 9-23b)所示。

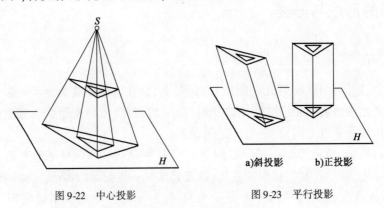

图 9-22 中心投影　　　　图 9-23 平行投影

大多数的工程图,都是采用正投影法来绘制。正投影法是本课程研究的主要内容,本书中凡未作特别说明的,都属正投影。

(三)工程上常用的投影图

图示工程结构物时,根据被表达对象的特征不同和实际需要,可采用不同的图示方法。常用的图示方法有:正投影法、轴测投影法、透视投影法和标高投影法。

1. 正投影法

正投影法是一种多面投影。空间几何体在两个或两个以上互相垂直的投影面上进行正投影,然后将这些带有几何体投影图的投影面展开在一个平面上,从而得到几何体的多面正投影图,由这些投影便能完全确定该几何体的空间位置和形状。如图9-24所示,为台阶的三面正投影图。

正投影图的优点是作图较简便,而且采用正投影法时,常将几何体的主要平面放置在与相应的投影面相互平行的位置,这样画出的投影图能反映出这些平面的实形,因此,从图上可以直接量得空间几何体的较多尺寸,即正投影图有良好的度量性,所以在工程上应用最广。其缺点是无立体感,直观性较差。

2. 轴测投影法

轴测投影采用单面投影图,是平行投影之一,它是把物体按平行投影法投射至单一投影面上所得到的投影图。如图9-25所示,为台阶的正等测轴测图。轴测投影的特点是在投影图上可以同时反映出长、宽、高三个方向上的形状,所以富有立体感,直观性较好,但不能完整地表达物体的形状,而且作图复杂、度量性差,一般只作为工程上的辅助图样。

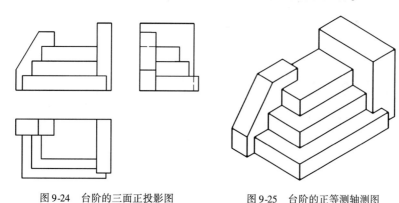

图9-24 台阶的三面正投影图　　图9-25 台阶的正等测轴测图

3. 透视投影法

透视投影法即中心投影法。如图9-26所示,是按中心投影法画出的桥台透视投影图。由于透视图和照相原理相似,它符合人们的视觉,图像接近于视觉映像,逼真、悦目,直观性很强,常用为设计方案比较、展览用的图样。但绘制较烦琐,且不能直接反映物体的真实大小,不便度量。

4. 标高投影法

标高投影是一种带有数字标记的单面正投影,常用来表示不规则曲面。如图9-27所示,假定某一山峰被一系列水平面所截割,用标有高程数字的截交线(等高线)来表示地面的起伏，这就是标高投影法。它具有一般正投影的优缺点。用这种方法表达地形所画出的图称为地形图，在工程中被广泛采用。

图 9-26 桥台透视投影图

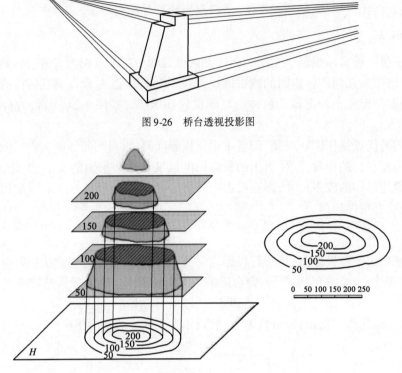

图 9-27 山峰的标高投影（高程单位：m）

二、平行投影的特性

平行投影具有以下几个特性：

(一) 实形性

平行于投影面的直线和平面，其投影反映实长和实形。

如图 9-28 所示，直线 AB 平行于投影面 H，其投影 ab = AB，即反映 AB 的真实长度；平面 ABCD 平行于投影面 H，其投影 abcd 反映平面 ABCD 的真实大小。

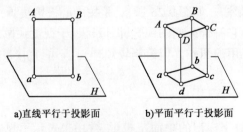

a) 直线平行于投影面　　b) 平面平行于投影面

图 9-28 投影的真实性

(二) 积聚性

垂直于投影面的直线,其投影积聚为一点;垂直于投影面的平面,其投影积聚为一条直线。如图 9-29 所示,直线 AB 垂直于投影面 H,其投影积聚成一点 $a(b)$;平面 ABCD 垂直于投影面 H,其投影积聚成一直线 $ab(dc)$。

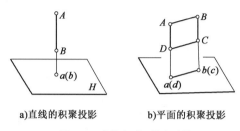

a) 直线的积聚投影　　b) 平面的积聚投影

图 9-29　直线和平面的积聚性

(三) 相似性

(1) 点的投影仍是点,如图 9-30a) 所示。

(2) 直线的投影在一般情况下仍为直线,当直线段倾斜于投影面时,其正投影短于实长,如图 9-30b) 所示,通过直线 AB 上各点的投射线,形成一平面 ABba,它与投影面 H 的交线 ab 即为 AB 的投影。

(3) 平面的投影在一般情况下仍为平面,当平面倾斜于投影面时,其正投影小于实形,如图 9-30c) 所示。

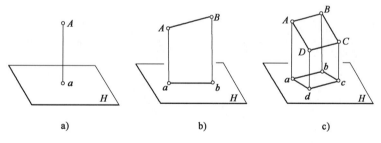

图 9-30　点、线、面的投影

(四) 从属性

若点在直线上,则点的投影必在该直线的投影上。如图 9-31 所示,点 K 在直线 AB 上,投射线 Kk 必与 Aa、Bb 在同一平面上,因此点 K 的投影 k 一定在 ab 上。

(五) 定比性

直线上一点把该直线分成两段,该两段之比,等于其投影之比。如图 9-31 所示,由于 $Aa /\!/ Kk /\!/ Bb$,所以 $AK:KB = ak:kb$。

(六) 平行不变性

两平行直线的投影仍互相平行,且其投影长度之比等于两平行线段长度之比。

如图 9-32 所示:$AB /\!/ CD$,其投影 $ab /\!/ cd$,且 $ab : cd = AB : CD$。

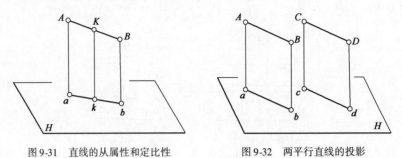

图 9-31　直线的从属性和定比性　　　图 9-32　两平行直线的投影

三、三面正投影

(一) 三面投影体系

如图 9-33 所示,根据平行投影,三个形状不同的形体在同一投影面的投影却是相同的。这说明由形体的一个投影,不能准确地表示形体的形状,因此,需要多个投影面来反映形体的实形。一般把形体放在三个互相垂直的平面所组成的三面投影体系中进行投影,如图 9-34 所示。在三面投影体系中,水平放置的平面称为水平投影面,用字母"H"表示,简称为 H 面;正对观察者的平面称为正立投影面,用字母"V"表示,简称 V 面;观察者右侧的平面称为侧立投影面,用字母"W"表示,简称 W 面。三投影面两两相交,构成三条投影轴 OX、OY 和 OZ,三轴的交点 O 称为原点。只有在这个体系中,才能比较充分地表示出形体的空间形状。

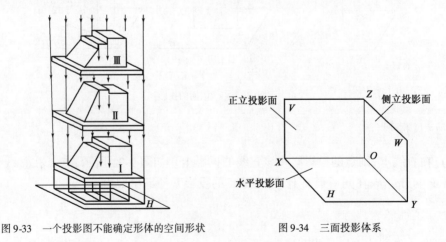

图 9-33　一个投影图不能确定形体的空间形状　　　图 9-34　三面投影体系

(二) 三面投影图的形成

将形体置于三面投影体系中,且形体在观察者和投影面之间。如图 9-35 所示,形体靠近观察者一面称为前面,反之称为后面。由观察者的角度出发,定出形体的左、右、上、下四个面。由安放位置可知,形体的前、后两面均与 V 面平行,顶底两面则与 H 面平行。用三组分别垂直于三个投影面的投射线对形体进行投影,就得到该形体在三个投影面上的投影。

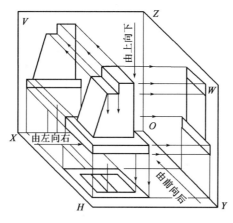

图 9-35　三面投影图的形成

(1)由上而下投影,在 H 面上所得的投影图,称为水平投影图,简称 H 面投影;
(2)由前向后投影,在 V 面上所得的投影图,称为正立面投影图,简称 V 面投影;
(3)由左向右投影,在 W 面上所得的投影图,称为(左)侧立面投影图,简称 W 面投影。
上述所得的 H、V、W 三个投影图就是形体最基本的三面投影图。

为了使三个投影图能画在一张图纸上,还必须把三个投影面展开,使之摊平在同一个平面上,完成从空间到平面的过程。国家标准规定:V 面不动,H 面绕 OX 轴向下旋转 90°,W 面绕 OZ 轴向右旋转 90°,使它们转至与 V 面同在一个平面上,如图 9-36 所示,这样就得到在同一平面上的三面投影图。这时 Y 轴出现两次,一次是随 H 面旋转至下方,与 Z 轴在同一铅垂线上,标以 YH;另一次随 W 面转至右方,与 X 轴在同一水平线上,标以 YW。摊平后的三面投影图如图 9-37a)所示。为了使作图简化,在三面投影图中不画投影图的边框线,投影图之间的距离可根据需要确定,三条轴线也可省去,如图 9-37b)所示。

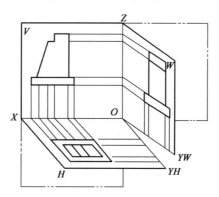

图 9-36　三面投影图的展开

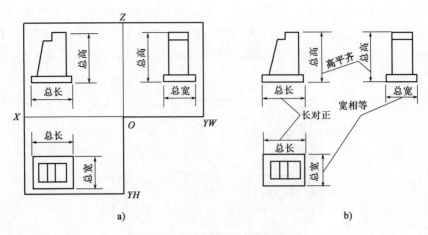

图 9-37 三面投影图的形成和投影规律

(三) 三面投影图的对应关系

三面投影图是从形体的三个方向投影得到的。三个投影图之间是密切相关的,它们的关系主要表现在它们的度量和相互位置上的联系。

1. 投影形成相互的顺序关系

在三面投影体系中:从前向后,以人→物→图的顺序形成 V 面投影;从上向下,以人→物→图的顺序形成 H 面投影;从左向右,以人→物→图的顺序形成 W 面投影。所以,投影形成相互的顺序关系是人→物→图。

2. 投影中的长、宽、高和方位关系

每个形体都有长度、宽度、高度或左右、前后、上下三个方向的形状和大小变化。形体左右两点之间平行于 OX 轴的距离称为长度;上下两点之间平行于 OZ 轴的距离称为高度;前后两点之间平行于 OY 轴的距离称为宽度。

每个投影图能反映其中两个方向关系:H 面投影反映形体的长度和宽度,同时也反映左右和前后位置;V 面投影反映形体的长度和高度,同时也反映左右、上下位置;W 面投影反映形体的高度和宽度,同时也反映上下、前后位置,如图 9-37 所示。

3. 投影图的三等关系

三面投影图是在形体安放位置不变的情况下,从三个不同方向投影所得到,它们共同表达同一形体,因此它们之间存在着紧密的关系:V、H 两面投影都反映形体的长度,展开后所反映形体的长度不变,因此画图时必须使它们左右对齐,即"长对正"的关系;同理,H、W 面投影都反映形体的宽度,有"宽相等"的关系;V、W 面投影都反映形体的高度,有"高平齐"的关系,总称为"三等关系"。"长对正、高平齐、宽相等"是三面投影图最基本的投影规律。绘图时,无论是形体总的轮廓还是局部细节,都必须符合这一基本规律。

第三节 地形图识读

路桥工程结构物都是建设在地理环境中,在创建道路桥梁信息模型时,经常需要配合地形地貌完成建模工作。地形图也是采用投影的原理和方法绘制。本节着重介绍正地形图的绘制、地形要素的表达及识读等知识。

一、地形图的基本知识

地形图是按一定的比例尺,表示地物、地貌平面位置和高程的正射投影图,是地面上地物和地貌在平面图纸上的缩影,如图9-38所示。地形图中的地貌一般用等高线表示,能反映地面的实际高度、起伏特征,具有一定的立体感;地面上的房屋、道路、河流等地物用图式符号加注记表示,具有存储和传输地物、地貌的类别、数量、形态等信息的空间分布、联系和变化的功能。地形图一般是由专人经过实地测绘或根据遥感图像并配合有关调查资料编制而成,又是编制其他地图的基础。

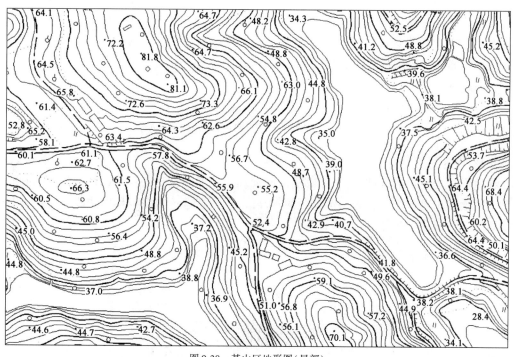

图9-38 某山区地形图(局部)

二、地形图中的等高线

(一)等高线的分类

等高线是地面上相同高程的相邻各点连成的闭合曲线,也就是设想水准面与地表面相交形成的闭合曲线。地形图上的等高线按其作用和表现形式可分为四种,如图9-39所示。

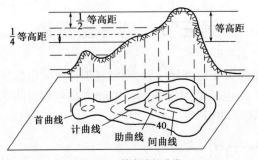

图 9-39 等高线的分类

1. 首曲线

在同一幅地形图上,按照基本等高距描绘的等高线称为首曲线,又称为基本等高线。一般用细实线绘制。

2. 计曲线

为了计算和用图的方便,从高程基准面起算,每隔四条基本等高线,或者凡高程能被 5 整除且加粗描绘的等高线称为计曲线。例如等高距为 1m 的等高线,则高程为 5m、10m、15m 等为 5 的倍数的等高线为计曲线;又如等高距为 2m 的等高线,则高程为 10m、20m、30m 等为 10 的倍数的等高线为计曲线。一般只在计曲线上注记高程。计曲线的高程值总是为等高距的 5 倍。计曲线一般用粗实线绘制。

3. 间曲线

对于坡度很小的局部区域,当用基本等高线不足以反映地貌特征时,可按 1/2 基本等高距加绘一条等高线,该等高线称为间曲线,又称半距等高线。间曲线用细长虚线绘制,可以不闭合。

4. 助曲线

在地形较为平坦的区域,为了能够更准确地利用地形图设计工程建筑物,有时在间曲线的基础上还绘制出高差为四分之一等高距的等高线,通常把这一等高线称助曲线,也称为四分之一等高线。一般用细短虚线表示。

(二)等高线的特性

地形图上的等高线有如下特性:
(1)同一条等高线上各点的高程相等;
(2)由于地形面是不规则曲面,所以地形等高线是不规则曲线;
(3)地形面是有界的,故地形等高线均为闭合曲线,如在本图幅内不闭合,则通过其他图幅闭合;
(4)地形等高线只有在绝壁或悬崖等特殊地形处才有可能重合或相交;
(5)等高线的疏密反映地形的陡缓,即等高线愈密地势愈陡峻,反之地势平坦。

(三)典型地貌等高线表示方法

在地形图中,一些典型地貌在表示时会有比较明显的特征,掌握这些特征,可以快速了解对应的地形地貌。

1. 山丘

隆起而高于四周的高地叫山丘。等高线闭和圈由小到大高程依次递减,等高线也随之渐稀,则对应地形是山丘,如图9-40a)所示。

2. 盆地(洼地)

四周高,中间低的地形为盆地,其中面积小的叫洼地。等高线闭和圈由小到大高程依次递增,等高线亦随之渐稀,则对应地形是盆地或洼地,如图9-40b)所示。

3. 山脊

若干个相邻山顶、鞍部相连的凸棱部分,称为山脊,山脊的棱线叫山脊线。等高线凸出方向指向低高程,则对应地形是山脊,如图9-40c)所示。

4. 山谷

两条山脊之间的条形低凹部分称为山谷。等高线凸出方向指向高处,则对应地形是山谷,如图9-40d)所示。

5. 鞍部

山脊上相邻两个山顶之间的形似马鞍状的低凹部位称为鞍部。在鞍部两侧的等高线形状接近对称,如图9-40e)所示。

6. 峭壁和悬崖

近于垂直的山坡称为峭壁,上部凸出下部凹进的绝壁称为悬崖。峭壁和悬崖的底部与顶部的水平位置差异不大,所以等高线在水平面上的投影较密集甚至会重叠在一起,一般以带锯齿的线段表示,如图9-40f)所示。

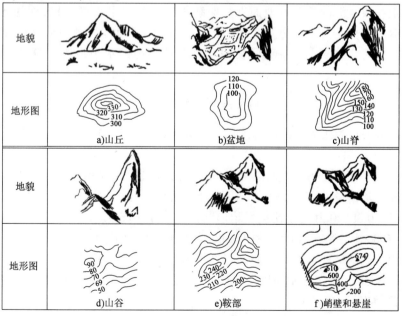

图9-40 典型地貌在地形图上的特征(高程单位:m)

综合地貌及其等高线表示如图 9-41 所示。

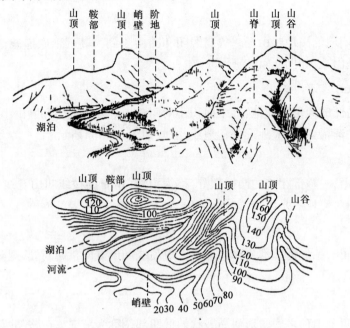

图 9-41　综合地貌及其等高线表示(高程单位:m)

三、地形图的内容及表示方法

(一) 比例尺

地形图上一段直线的长度与地面上相应线段的实际水平长度之比,称为地形图的比例尺。通常换算为用分子为 1 的分数表示的形式,这种形式即称为测图比例尺,即:1/M,其中 M 称为比例尺分母。如果图上一线段长度为 d,相应实地的水平距离为 D,则该地形图的比例尺为:

$$比例尺 = \frac{d}{D} = \frac{1}{D/d} = \frac{1}{M}$$

比例尺一般书写为比例式的形式,即 1:M,如 1/500、1/1000、1/2000,一般书写为 1:500、1:1000、1:2000。

比例尺的大小是以比例尺的比值来衡量的,分数值越大(M 越小),比例尺越大。为了满足经济建设和国防建设的需要,相关部门测绘和编制了各种不同比例尺的地形图。通常称 1:100 万、1:50 万、1:20 万为小比例尺地形图;1:10 万、1:5 万、1:2.5 万和 1:1 万为中比例尺地形图;1:5000、1:2000、1:1000 和 1:500 为大比例尺地形图。道路桥梁工程等土木工程建筑通常使用大比例尺地形图。按照地形图图式规定,比例尺应书写在图幅下方正中央处。在路桥工程设计图中,由于通常使用带状地形图,往往只需在第一页书写比例尺,位置可根据实际需要放置,如图 9-42 所示。

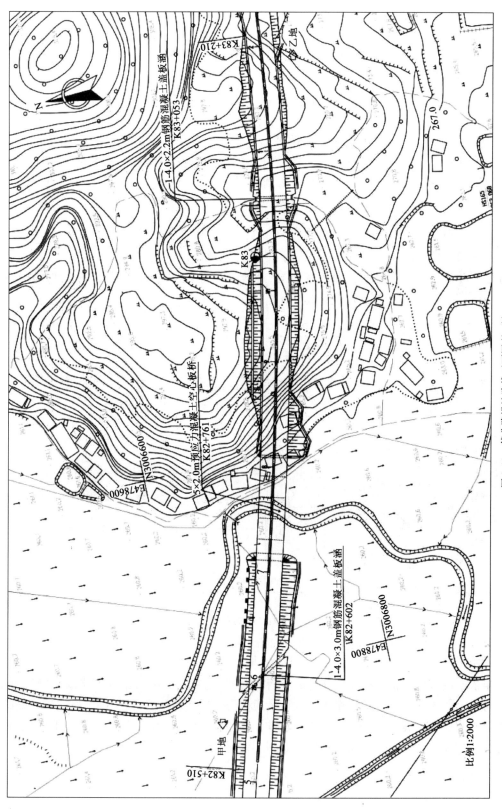

图 9-42 某公路设计路线平面图（部分）

(二)地形图图式

地形图图式是指在地形图中用于表示地球表面地物、地貌的专门符号。比例尺不同,各种符号的图形和尺寸也不尽相同。地形图的图式有严格规定,不能自行设计。在《国家基本比例尺地图图式》(GB/T 20257—2017)中,按照不同的比例尺分三个部分规定了地形图图式。

如前所述,地貌是指地球表面的各种形态,也能称为地形,主要通过等高线来反映。地物是则是指地面上天然或人工形成的物体,如湖泊、河流、房屋、道路等,需要通过专门的图式来表达。表示地物的符号有依比例符号、半依比例符号、不依比例符号和地物注记等。

1. 依比例符号

依比例符号是指地物依比例尺缩小后,其长度和宽度能依比例尺表示的地物符号。依比例符号的形状与实地形状相似,如房屋、居民地、森林、湖泊等。依比例符号能全面反映地物的主要特征、大小、形状、位置,如图9-43所示。

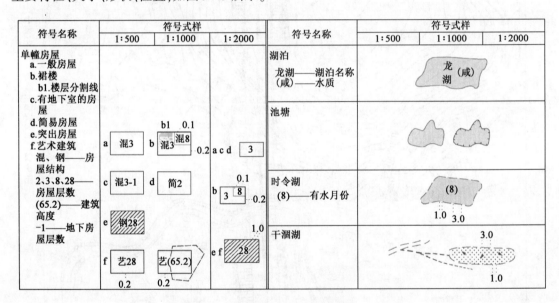

图9-43 依比例地形图图式示例

2. 半依比例符号

半依比例符号是指地物依比例尺缩小后,其长度能依比例尺而宽度不能依比例尺表示的地物符号。对于一些带状延伸地物,如道路、通信线、管道、垣栅等,其长度可按比例尺缩绘,而宽度无法按比例尺表示。这种符号的中心线,一般表示其实地地物的中心位置,但是城墙和垣栅等,地物中心位置在其符号的底线上,如图9-44所示。

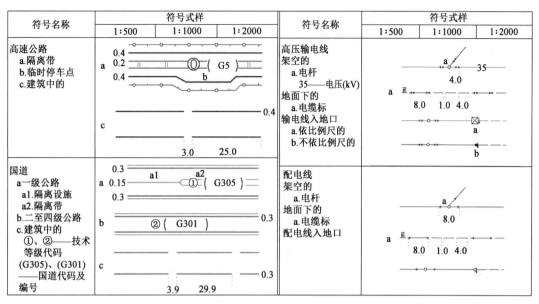

图 9-44 半依比例地形图图式示例

3. 不依比例符号

不依比例符号是指地物依比例尺缩小后，其长度和宽度不能依比例尺表示。有些地物，如三角点、水准点、独立树和里程碑等，轮廓较小，无法将其形状和大小按比例绘到图上，则不考虑其实际大小，而采用规定的符号表示，如图 9-45 所示。

图 9-45 不依比例地形图图式示例

不依比例符号不仅其形状和大小不按比例绘出，而且符号的中心位置与该地物实地的中心位置关系也随各种不同的地物而异，在测图和用图时应注意以下几点：

159

(1)规则的几何图形符号,如:圆形、正方形、三角形等,以图形几何中心点为实地地物的中心位置。

(2)底部为直角形的符号,如:独立树、路标等,以符号的直角顶点为实地地物的中心位置。

(3)宽底符号,如:烟囱、岗亭等,以符号底部中心为实地地物的中心位置。

(4)几种图形组合符号,如:路灯、消火栓等,以符号下方图形的几何中心为实地地物的中心位置。

(5)下方无底线的符号,如:山洞、窑洞等,以符号下方两端点连线的中心为实地地物的中心位置。各种符号均按直立方向描绘。

4. 地物注记

地形图上的地物除了应用符号表示外,也会使用文字、数字和特定符号对地物加以说明和补充,称为地物注记。如道路、河流的名称,楼房层数、点的高程、水深、坎的比高等。

(1)名称注记:主要有居民地、山脉、水系、丘北、植被等,如图 9-46 所示。

符号名称	符号式样		
	1:500	1:1000	1:2000
地面河流 a.岸线(常水位岸线、实测岸线) b.高水位岸线(高水界) 清江——河流名称			

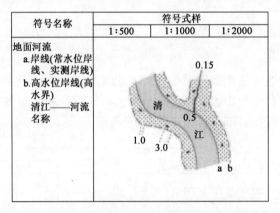

图 9-46　名称注记示例

(2)数字注记:主要是用阿拉伯数字或罗马数字说明高程、比高、河宽,水深、桥长,桥宽及载重量等,如图 9-47 所示。

符号名称	符号式样		
	1:500	1:1000	1:2000
水库 a.毛湾水库——水库名称 b.溢洪道 54.7——溢洪道堰底面高程 c.泄洪洞、出水口 d.拦水坝、堤坝 d1.拦水坝 d2.堤坝 水泥——建筑材料 75.2——坝顶高程 59——坝长(m)			

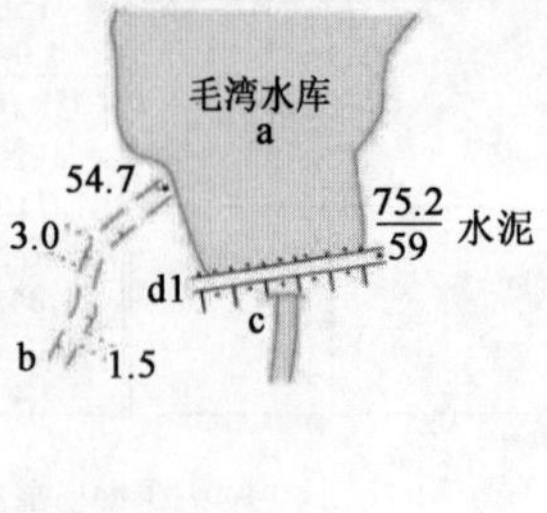

图 9-47　数字注记示例

(3)说明注记:说明有关的情况,如树种、路面材料等,如图9-48所示。

符号名称	符号式样		
	1:500	1:1000	1:2000
成林	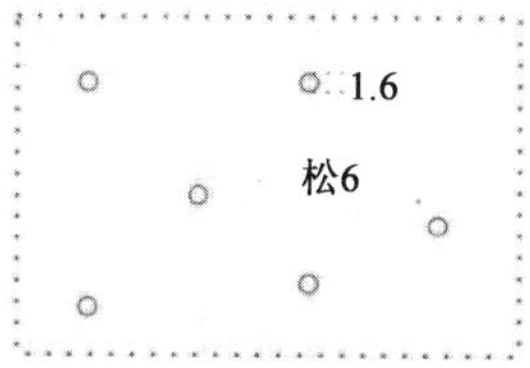		

图9-48 说明注记示例

第四节 道路工程图识读

道路工程图主要包括路线平面图、路线纵断面图和路线横断面图。由于道路在平面上蜿蜒曲折,在纵向上高低起伏,具有典型的空间特性,因此,反应道路路线的工程图都是与地面起伏形状密切相关的。本节将主要介绍路线平面图、路线纵断面图和路线横断面图的表达方式和识读要点。

一、路线平面图

路线平面图的作用是表达路线上的走向和线形(直线和曲线)状况,沿线两侧一定范围内的地形和地物及其与路线的相互关系。在路线平面图中一般采用等高线表示地形,用图例表示地物。

路线平面图中的路线部分只绘出道路中心线,又称中线。为了更好地表明路线的技术指标,往往会在图中用相应的图表表达,它们共同构成了路线平面图的路线部分。阅读路线图主要用于了解路线的走向、公路的里程及公里桩、曲线段的参数、控制高程水准点、桥梁隧道涵洞等构造物的位置等信息。

(一)地形部分

1. 比例

道路路线平面图中的地形图都是经过勘测而绘制的,其比例是根据地形的起伏情况而选用的。一般来说,山岭重丘区多采用1:2000,微丘和平原区多采用1:5000。图9-49的比例为1:2000。

2. 方位

为了表示道路路线所在地区的方位和路线的走向,地形图上需要绘制坐标网或指北针。图中指北针箭头所指为正北方向。图中表示方位的坐标网格,其x轴方向为南北方向,y轴为东西方向。图9-49所反映的地形走向为从西南往东北方向。坐标轴上数值表明了该点和坐标原点的位置关系。

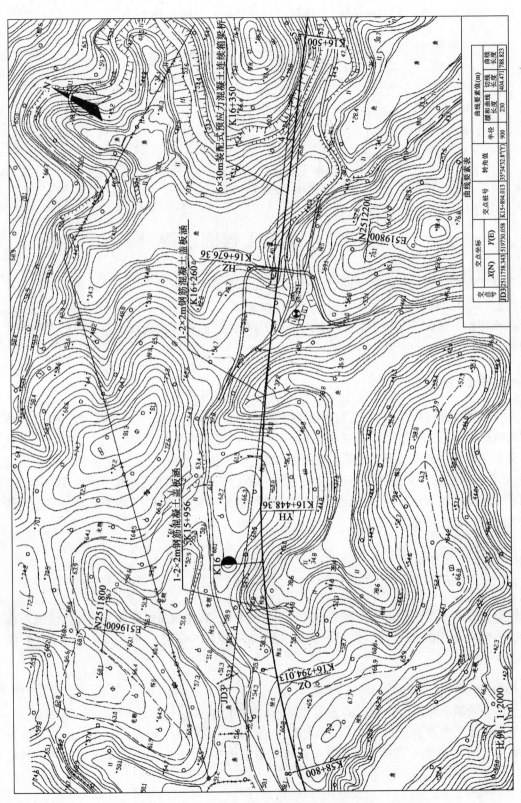

图 9-49 路线平面图示例

3.地物

地物和道路附属结构是用图例表示的,图例的样式和绘制尺寸应符合《国家基本比例尺地图图示　第1部分:1∶500　1∶1 000　1∶2 000 地形图图示》(GB/T 20257.1—2017)相关规定。对照图例图示可知,图9-49所示路线所经过区域存在有草地、果园、林地等不同的土质和植被,有大车道、小车道、桥梁涵洞等公路设施,有公路水准点等测量控制点,还有高压线等管线设施,另外还包括鱼塘、民房等。

(二)路线部分

1.路线

由于路线的宽度相对于长度来说,其尺寸小得多,在路线平面图中无法按照比例绘制清楚,因此,通常是沿道路中心线用粗实线表示路线的位置和方向,如图9-49所示。

2.里程桩

道路路线的总长度和各段之间的长度用里程桩号表示。在路线平面图中,路线的前进方向是从左至右,里程桩号从路线的起点至终点依次顺序编号。其中,公里桩一般标注在路线前进方向的左侧,与其切线方向垂直,用"⌽"表示桩位,在其上方注写数字表示与起点的距离,如图9-49中"K16"表示距离起点16km。垂直于路线的细短线表示百米桩,短线顶端的数字表示百米数,图9-49中交点附近的短线顶端数字"9",表示该处桩号为K15+900。

3.平曲线

道路路线在平面上是由直线段和曲线段组成的,在路线转折处需要设置平曲线。平曲线可以是单一圆弧,但大多数情况需设置缓和曲线。曲线段的要素点位置如交点(JD)、直圆(ZY)、曲中(QZ)、圆直(YZ)、直缓(ZH)、缓圆(HY)、圆缓(YH)、缓直(HZ)应在图中标记。为了将路线上各段平曲线要素值表示清楚,一般还应在图中适当位置列出平曲线要素表。阅读图9-49中的曲线要素表可知,本段路线长度700m,设有一个交点JD3,方向为右偏,偏角 $\alpha = 35°34'32.8''$,圆曲线半径 $R = 900$m,缓和曲线长度为230m。

二、路线纵断面图

路线纵断面图由图样和资料表两部分构成,其中图样部分是用展开剖切方法获得的,主要用以表达道路的纵向设计线形以及沿线地面的高低起伏状况,资料表部分主要通过数值和文字描述反映高程变化、地质状况和沿线设置构造物的概况等。

(一)图样部分

1.比例

纵断面图的水平方向表示路线的长度,竖直方向表示设计线和地面的高程。由于路线的高差与路线的长度相比小得多,为了能比较明显地反映出沿路线走向高度方向上的变化,纵断面图上的距离和高程通常不按相同比例绘制。一般而言,竖向比例要比水平比例放大5倍

(高差较大)或10倍(高差较小),图9-50中水平比例为1:2000,而竖向比例为1:400,这样绘制出的路线坡度就比实际大,看上去也比较明显。为了便于画图和读图,一般应在纵断面图的左侧按竖向比例画出高程标尺。

2. 设计线和地面线

在纵断面图上用细实线表示地面线,反映沿公路中线的地面起伏变化情况;用粗实线表示设计线,反映公路路线的起伏变化情况。设计线上各点的高程通常是指路基边缘的设计高程。比较设计线与地面线的相对位置,可决定填挖高度。

3. 竖曲线

与平面相似,公路纵向设计线是由直线和竖曲线组成。在设计线的边坡点设置圆弧竖曲线,便于车辆平稳行驶。竖曲线分凹、凸两种曲线,在图中分别使用"⊓"和"⊔"符号表示。符号中部竖线应指向边坡点,竖线左侧标注边坡点的里程桩号,竖线右侧标注边坡点的高程,符号的水平线两端对应竖曲线的起点和终点,竖曲线要素(半径 R、切线长 T、外距 E)的数值标注在水平线上方。图3-50中K5+080、K6+200两处为凸曲线,K5+620处为凹曲线。

4. 工程构造物

道路沿线的工程构造物,如桥梁、涵洞等,应在设计线的上方或下方用竖直引出线标注。竖直引出线应对准构造物的中心位置,并注明构造物的名称、规格和里程桩号。图9-50中K5+120、K5+600、K5+815三处设置了拱涵,K5+320处设置了盖板涵,K5+473处设一座预应力混凝土连续梁桥,K6+120至K6+305处建有一座隧道。

(二) 资料表部分

路线纵断面图的测设资料表与图样上下对齐布置,反映纵向设计在各桩号处的高程、填挖方量、地质条件和坡度以及平曲线与竖曲线的配合关系。

1. 地质概况

表明沿线的地质情况,为设计、施工提供实测资料。

2. 填挖高度

填挖高度反映各点(桩号)对应的设计高程与地面高程之差,确定该桩号处是需要填土还是挖土。设计线在地面线上方时,需要填土,用正数表示,设计线在地面线下方时,需要挖土,用负数表示。

3. 高程

资料表中有设计高程和地面高程两栏。它们应和图样相互对应,分别反映设计线和地面线上各点(桩号)的高程。

4. 坡度与坡长

反映设计线各段的纵向坡度和水平长度距离。表格中对角线表示坡度方向,从左下至右上表示上坡,左上至右下表示下坡,坡度和距离分注在对角线的上下两侧。

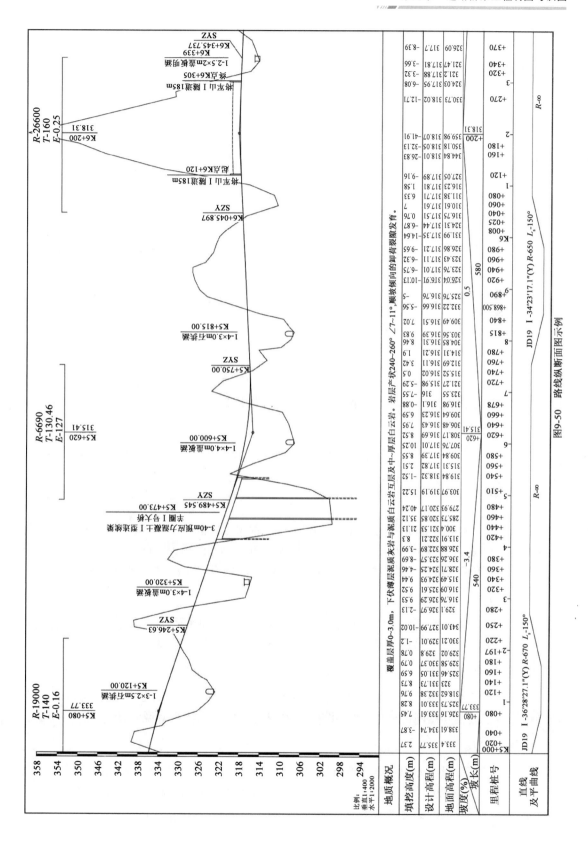

图9-50 路线纵断面图示例

5. 里程桩号

反映沿线各点的桩号，按测量的里程数值填入，单位为米。桩号从左向右排列，在平曲线特征点的起点、中点、终点和桥涵中心点等处可设置加桩。

6. 平曲线

反映该路段的平面线形，直线段用水平线表示，道路右转弯用凸折线表示，左转弯用凹折线表示，需注明平曲线各要素的值。

三、路线横断面图

路线横断面图是用假想的剖切平面，垂直于路中心线剖切而得到的图形，其作用是表达各里程桩处公路横断面与地形的关系、路基的形式、边坡坡度、路基顶面高程、排水设施布置情况及防护工程设置情况等。

（一）标准横断面图

路基标准横断面是指某一路段共同使用的标准设计，与里程桩号无关，如图9-51所示。

1. 绘图比例

横断面图的水平方向和高度方向宜采用相同比例，标注横断面图的绘图比例一般为1∶100或1∶200，图9-51中标准横断面图采用的比例为1∶200。

2. 横断面的组成

路基标准横断面设计包括行车道、路肩、分隔带、边沟、边坡、截水沟、护坡道，以及取土坑、弃土堆、环境保护等设施。高速公路和一级公路还包括变速车道和爬坡车道等。

3. 尺寸关系

反映该设计路段横断面各组成部分的尺寸和位置关系。如图9-51所示的横断面反映路段为双向六车道，路基宽度2660cm，单车道宽度375cm，设中央分隔带，宽度110cm。半幅两侧各设置50cm的路缘带。路基两侧设土路肩，填方路基坡底设排水沟，挖方路基两侧设边沟。

4. 路面结构

反映该设计路段路面结构的组成形式。如图9-51所示的横断面路面结构分为三层，顶面为水泥混凝土面层，中间为水泥稳定碎石基层，最下层为水泥稳定石屑底基层。

5. 路面横坡

反映该设计路段路面横坡坡度情况。如图9-51所示的标准横断面横坡坡度为2%，行车道与路缘带横坡坡度相同，土路肩坡度虽未在图中标注，但在图注中有说明，坡度值为3%。

6. 边坡坡度

反映该设计路段填方和挖方边坡坡度设置。如图9-51所示的标准横断面填方边坡坡度为1∶1.5~1∶2.0，挖方边坡坡度为1∶n，挖方边坡坡度非固定数值，需根据各横断面现场实际情况取值以确保边坡的稳定。

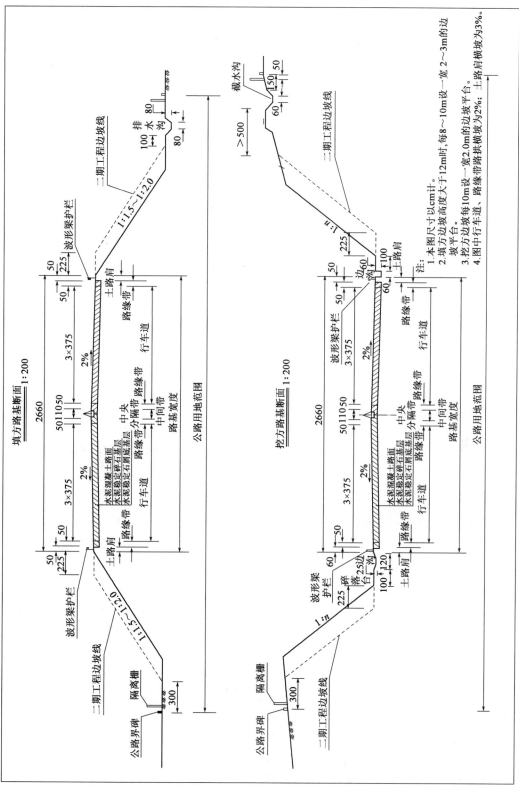

图 9-51 标准横断面图

(二) 横断面设计图

路基横断面设计图是用假想垂直于道路中线的剖切平面与路线每一中心桩进行剖切,画出剖切面与地面的交线,再根据填挖高度和规定的路基宽度和边坡坡度,绘制出路基横断面的设计线。路基横断面设计图是计算土石方数量和路基施工的依据,如图9-52所示。

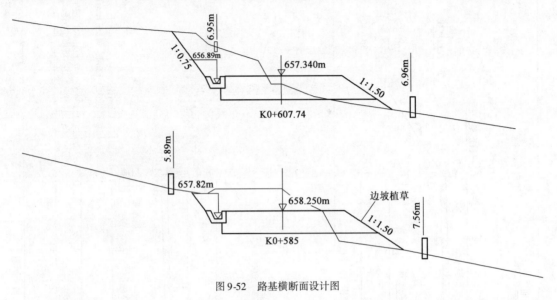

图9-52 路基横断面设计图

1. 填方路基

填方路基又称为路堤,其整个路基全为填土区。填方路基的填土高度等于设计高程减去地面高程。在每个断面图下方注有该断面的里程桩号、中心处的填方高度以及该断面的填方面积等信息。

2. 挖方路基

填方路基又称为路堑,其整个路基全为挖土区。挖方路基的挖土高度等于地面高程减去设计高程。在每个断面图下方注有该断面的里程桩号、中心处的挖方高度以及该断面的挖方面积等信息。

3. 半填半挖路基

路基断面一部分为填土区,一部分为挖土区称为半填半挖路基,如图9-52所示的断面。在半填半挖路基断面图下方注有该断面的里程桩号,中线处的填(或挖)高度,并分别注明该断面的填方面积和挖方面积等信息。

第五节 桥涵工程图识读

桥梁和涵洞是常见的结构物。桥梁工程图主要包括桥位平面图、桥位地质断面图、桥梁总体布置图和构件图等。涵洞工程图则主要包括立面图、平面图、侧面图、断面图和大样图等。本节将主要介绍桥涵设计图的表达方式和识读要点。

一、桥位平面图

桥位是指在勘测过程中所选择的建桥位置。

桥位平面图主要表示桥梁在整个线路中的地理位置以及与路线的连接情况,同时还反映桥梁与周围地形、地物的位置关系。图上一般标明桥位处的道路、河流、水准点、地质钻孔以及附近地形和地物(如原有桥梁、房屋等),以便作为桥梁设计、桥梁施工定位的依据。

桥位平面图如图9-53所示,除了反映桥梁的走向,与周围地形、地物、河道的关系外,还表明了钻孔位置、水准点位置等信息。阅读图样可知,桥位附近的主要地物包括旱地、果园和稻田,另外还分布有2处水塘和一些民房。根据指北针方位可知,桥的走向为西南—东北向。桥位两侧各有一座山丘,其中左侧山丘最低处高程11m,最高处高程29m,高差18m。右侧山丘最低处高程5m,最高处高程25m,高差约20m。为了避免直接穿越山丘,在桥头两侧均设置了平曲线进行绕避。该桥跨过一条名为"清水河"的河流,河水流向为东南—西北向。在拟建桥位上游方向(下侧)原有一座木桥。桥西岸是稻田,东岸是果园。桥西岸沿河堤有一段路堤。桥位中心桩号K0+738.00。桥的起点在百米桩"7"左侧,可判断西侧桥台位置约在桩号K0+690,东侧桥台约在桩号K0+780。桥位定位时,在河床上选择了三个孔进行了钻探,分别为孔1、孔2和孔3。桥梁定位主要依据两端桥头附近的水准点BM1和BM2,其中BM1高程为5.10m,BM2高程为8.25m。

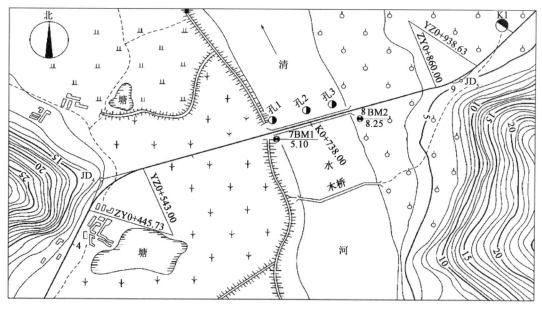

图9-53 桥位平面图

二、桥位地质断面图

桥位地质断面图主要表明桥位所在河床位置的地质断面情况,是根据水文调查和实地钻探所得到的地质水文资料绘制的,如图9-54所示。如果河床地质情况不复杂,也可将地质情况用柱状图绘制在桥型总体布置图中的立面图左侧或正下方。

桥位地质断面图一般要标注出河床断面线、各层地质情况、最高水位线、常水位线和最低水位线等,另外还应该标识出钻孔的位置、孔口高程、钻孔深度与孔间距等信息。

地质断面图中,为了更清晰地显示地质和河床深度变化的情况,会特意把地形高度(高程)的比例较水平方向比例放大画出。

图 9-54 为某桥位地质断面图。本图采用的比例尺为水平方向 1:300,竖直方向 1:200。根据图例和标注可知,该河床从上至下分别为砂夹卵石层和黏土层,其深度变化可以通过左侧标尺来确定。该桥位有两个勘探钻孔,孔间距离 13m。其中 1 号钻孔 ZK_1 所在位置为桩号 K2+683.50 处,孔口高程为 574.10m,钻孔深度为 10.5m;2 号钻孔 ZK_2 位于桩号 K2+696.50 处,孔口高程为 574.60m,孔深 12.0m。河床断面的设计水位、常水位及低水位分别为 579.50m、577.50m 和 575.40m。

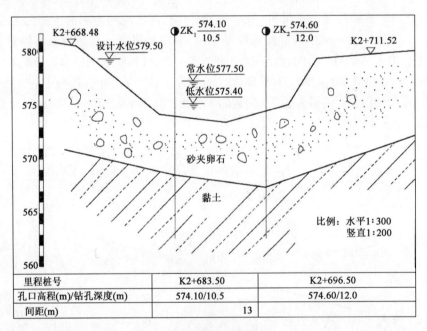

图 9-54 桥位地质断面图

桥位地质断面图为设计桥梁下部结构的形式和深度提供资料,也是确定桥梁基础工程施工方案的依据,作为设计桥梁、桥台、桥墩和计算土石方工程数量的根据。小型桥梁可不绘制桥位地质断面图,但应写出地质情况说明。

三、桥梁总体布置图

桥梁总体布置图是指导桥梁施工的主要图样,主要由立面图、平面图、剖面图或断面图组成。它表明了桥梁的形式、跨径、孔数、总体尺寸、桥面高程、桥面宽度、各主要构件的相互位置关系等,另外还包括桥梁各部分的高程、材料数量以及技术说明等,是施工时确定墩台位置、安装构件和控制高程的重要依据。

图 9-55 所示为某桥的总体布置图。

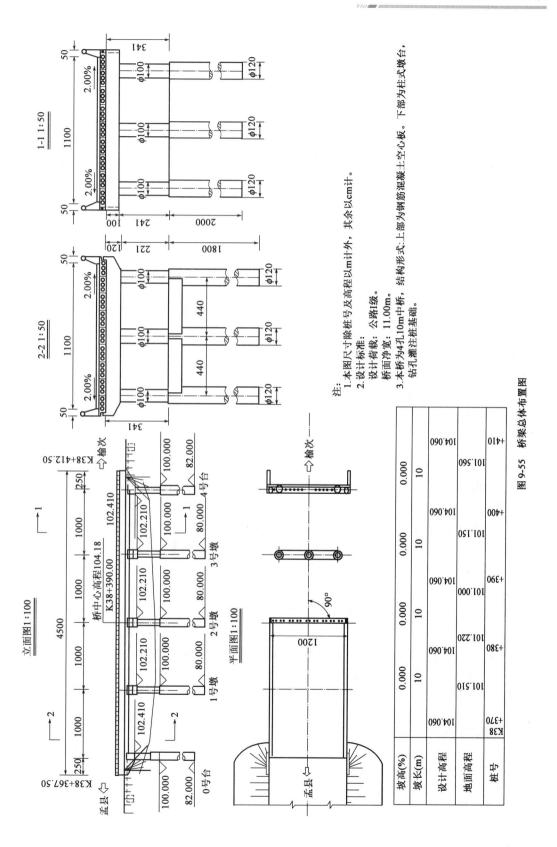

图 9-55 桥梁总体布置图

(一) 立面图

立面图上主要表达桥梁的总长、各跨跨径、纵向坡度、施工放样和安装所必需的桥梁各部分的高程、河床的形状及水位高度。同时，立面图还应反映桥位起始点、终点、桥梁中心线的里程桩号以及立面图方向桥梁各主要构件的相互位置关系。从立面图上可以反映出桥梁的大致特征和桥型。图9-55中立面图比例为1:100，该桥是一座四跨钢筋混凝土空心板桥。起点桩号为K38+367.50，终点桩号为K38+412.50，中心位于K38+390.00处，桥面中心高程104.18m。全桥共四跨，每孔跨径均为1000cm，两侧耳墙长度均为250cm，桥梁全长为250+1000+1000+1000+1000+250=4500cm。两边桥台为带耳墙的柱式桥台，由立柱和柱下的钻孔灌注桩基础组成。河床中间有3个柱式桥墩，它由立柱、系梁和钻孔灌注桩基础共同组成。

(二) 平面图

平面图上主要表达桥梁在水平方向的线形、桥墩、桥台的布置情况及车行道、人行道、栏杆等位置，常采用半剖画法。图9-55中平面图比例为1:100，平面图采用分段揭层的画法。2号桥墩中心线左侧为投影图，从中可以看到锥形护坡以及桥面的布置情况；中心线右侧是假设揭去桥梁上部结构，从中可以看到桥墩盖梁和支座的布置情况。3号桥墩处是假设揭去了盖梁以上的部分，从中可以看到立柱、桩基础的分布情况。4号桥台处是假设揭去桥梁上部结构，从中可以看到桥台的盖梁、支座、耳墙、桥台立柱和桩柱的布置情况。

(三) 断面图

断面图主要表达桥面宽度、桥跨结构横断面布置及横坡设置情况。从图9-55立面图可以看出，1-1断面在3-4号墩之间剖切，2-2断面在0-1号墩之间剖切。1-1断面较为清晰地反映了桥跨结构横断面布置情况和桥台形状及尺寸：桥面宽度为1100cm，横坡坡度为2%；主梁横断面方向由2块边板和7块中板一共9块钢筋混凝土空心板梁拼接而成；桥面两侧均设有50cm宽的护栏。桥台盖梁高100cm，宽为50+1100+50=1200cm；盖梁下立柱为圆柱形，直径100cm，高241cm；立柱下钻孔桩基础也是圆柱形，直径120cm，高2000cm；两个桥台下分别设有三个立柱和对应的三个钻孔桩基础。2-2断面较为清晰地反映了桥墩形状和尺寸：桥墩盖梁高120cm，宽为50+1100+50=1200cm，盖梁下部逐渐收缩宽度，保证受力的情况下减小自重；盖梁下立柱为圆柱形，直径100cm，高221cm；立柱下钻孔桩基础也是圆柱形，直径120cm，高1800cm，桩与桩间距为440cm；三个桥墩下分别设有三个立柱和对应的三个钻孔桩基础，相邻桩顶处采用横系梁相连。

四、构件图

为了详细地表达构件的形状、大小、钢筋的布置以及构件之间的连接关系，需采用较大比例画出大样图，这种图称为结构构件图。桥梁构件图主要包括一般构造图和钢筋构造图。

(一) 桥梁上部结构图

桥梁上部结构形式包括 T 梁、箱梁空心板等,此处以钢筋混凝土空心板为例加以说明。空心板构造图主要表达板的外部形状与尺寸,一般由半立面图、半平面图、断面图及铰缝钢筋施工大样图组成,如图 9-56、图 9-57 所示。

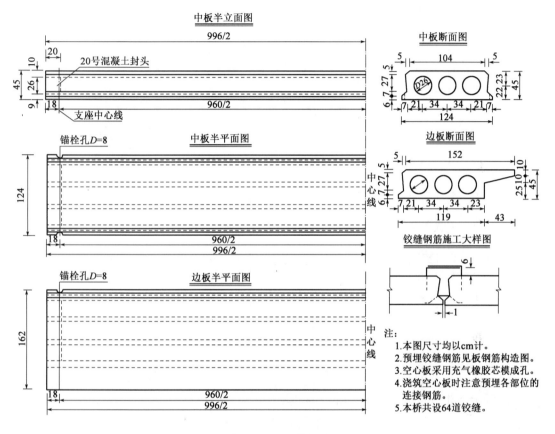

图 9-56 空心板构造图

图 9-56 为主梁钢筋混凝土空心板中板和边板的一般构造图。由半立面图、半平面图、断面图及铰缝钢筋施工大样图组成。由于边板和中板的立面形状区别不大,所以图 9-56 中只画了中板立面图;又由于板纵向对称,图中采用了半立面图和半平面图。读图 9-56 可知,该板跨度为 1000cm,两端留有接头缝,板的实际长度为 996cm。中板的理论宽度为 125cm,板的横向也留有 1cm 的缝,所以中板的实际宽度为 124cm,边板的实际宽度为 162cm。

图 9-57 所示为空心板配筋图。由于空心板比较长,立面图、平面图都采用了折断画法。平面图由一半 1-1 断面和一半 2-2 断面拼接而成,分别表达板的下部与上部钢筋分布情况。1-1、2-2 断面图分别采用了折断画法。横断面图表达出空心板的三个圆孔位置、钢筋的断面分布情况及主要钢筋的定位尺寸。图 9-57 中共有 8 种钢筋。其中,1 号钢筋为受拉钢筋,共 20 根,分布在板梁的底部,从断面图上可以看出其定位尺寸,尺寸 19×6.1 表示

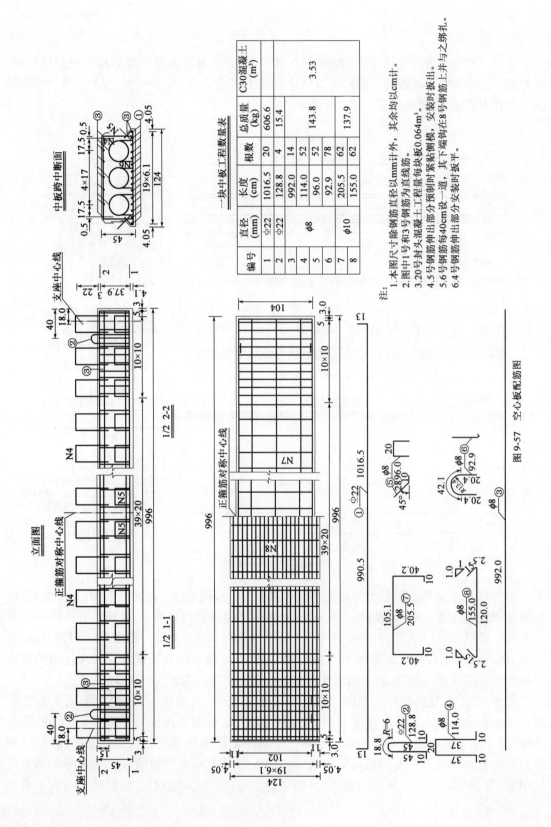

图 9-57 空心板配筋图

19个中心间距,每个间距为6.1cm;2号钢筋为吊装用钢筋,分布在梁的两端,共4根;3号钢筋为架立筋,板梁顶部分布7根,三个空心顶点处分布3根,板梁的底部两侧各分布2根,共14根;4号、5号钢筋为横向连接钢筋(预埋铰缝钢筋),分布间隔均为40cm,各52根;4号钢筋伸出部分预制时紧贴侧模,安装时扳出,5号钢筋伸出部分在浇筑铰缝时扳平;6号钢筋每40cm设一道,其下端钩在8号钢筋上并与之绑扎,全梁共78根;7号、8号钢筋一起组成箍筋,在立面图中重叠在一起,其分布情况与定位尺寸可在立面图与平面图中看出,在板梁端部第一道与第二道箍筋的间距为5cm,其余每隔10cm分布一道,在板梁中部每隔20cm分布一道,全梁7号、8号钢筋形成(1+10+39+10+1)61个间距,即7号、8号钢筋各62根。除1号、2号钢筋为HRB 335钢筋外,其余钢筋均为HPB 235钢筋。

(二) 桥墩图

桥墩的作用是支承桥跨结构,目前公路桥墩的形式较多,此处以桩柱式桥墩为例作介绍。桩柱式桥墩从上到下由盖梁、立柱、系梁、桩柱等几部分组成,如图9-58所示。

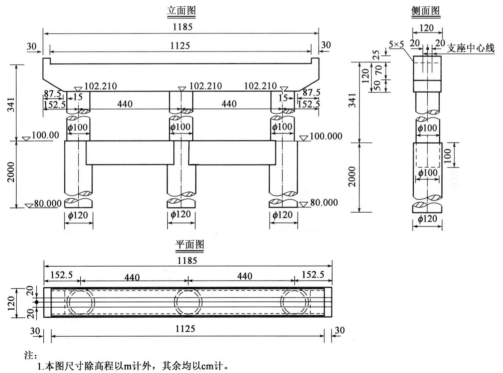

注:
1.本图尺寸除高程以m计外,其余均以cm计。
2.各墩柱编号由路线前进方向从左至右排列。

图9-58 桥墩构造图

桥墩一般构造图分为立面图、侧面图和平面图。立面图反映桥墩的构造特征,其大部分尺寸都在该图上体现。图9-58中翘度盖梁全长1185cm,高度为120cm,宽度为120cm。盖梁两端有30cm×25cm的防震挡块,以防止空心板的移动。由侧面图可知盖梁上支座中心线距桥墩中心线20cm。三根立柱直径100cm、高为221cm,中心距为440cm,立柱的立面图和侧面图都采用了折断的画法。立柱下是直径为120cm的三根钢筋混凝土灌注桩,其长度为2000cm。

在三根混凝土灌注桩之间用截面为100cm×100cm横系梁与桩柱相贯,用以加强桩柱的整体性。另外,立面图上还标注出了各桩基础底面、基础顶面、立柱顶面等各部分的高程。

图9-59为桥墩配筋图。由图9-59可知,该钻孔桩中共有7种钢筋。其中1-3号钢筋为立柱钢筋,1号钢筋为立柱的主筋,其伸入盖梁内的部分做成喇叭形,大约与竖直线倾斜15°。伸入桩柱内的部分做成微喇叭形。从1-1断面图中可以看出,1号钢筋沿圆周均匀分布,该圆周半径为45.3cm,从工程数量表中可知一根桩柱中共有16根1号钢筋。2号加强箍筋焊接成圆形,在钢筋骨架上每隔2m焊接一根,每根桩柱中有2根。3号钢筋为立柱的螺旋分布筋,只有1根,分布在整个立柱上。该螺旋分布筋在下部221cm的范围内为柱形螺旋,在上部伸入盖梁部分的110cm锥形螺旋,螺旋间距为20cm,由工程数量表可知,3号螺旋分布筋总长为6828.1cm。4-7号钢筋为桩基钢筋。4号钢筋为桩柱的主筋,上部与1号钢筋搭接部分向内倾斜,以便与1号钢筋焊接。从2-2断面图中可以看出,4号钢筋也是沿圆周均匀分布,该圆周半径为53.3cm,从钢筋数量表中可知一根桩柱中共有16根4号钢筋。5号钢筋为加强箍筋,焊接成圆形,在钢筋骨架上每隔2m焊接一根,每根桩柱共用11根。7号钢筋为螺旋分布筋,一根桩柱中只有1根,分布在整个桩柱上,螺旋间距为20cm,7号钢筋螺旋高度为1880cm,总长为34250.7cm。6号定位钢筋在钢筋骨架上每隔2m沿圆周等距离焊接4根,一根桩柱中共有44根。从立面图中可知在桩基础底部有20cm混凝土保护层。

(三)桥台图

桥台位于桥梁两端,其作用是传递桥梁上部结构的荷载到基础,抵挡台后的填土压力、稳定桥头路基、使桥头线路和桥上线路可靠而平稳地连接。桥台具有多种形式,此处以轻型桥台为例进行介绍。

如图9-60所示,桥台构造图由立面图、平面图和侧面图(剖面图)构成。立面图是由1/2台前和1/2台后拼接而成。图中表达了桥台各部分的结构形状并给出了各部分的详细尺寸。对不同位置桥台的高程用列表给出。侧面图采用了1-1剖面图,从图中可以看出盖梁、背墙、牛腿的断面形状,耳墙及挡块在侧面图中也反映出了形状特征,以及它们在上下、前后方向的相对位置关系。

桥台各部分均为钢筋混凝土结构,都应绘出其钢筋结构图,如桥台盖梁钢筋结构图、桥台桩柱钢筋结构图、桥台挡块钢筋结构图、背墙牛腿钢筋结构图、耳背墙钢筋结构图。此处以桥台盖梁的钢筋构造图来举例说明,如图9-61所示。

由图9-61可知,桥台盖梁钢筋结构图由半立面图、半平面图、1-1断面图、2-2断面图、3-3断面图和钢筋详图组成。从外部轮廓线可看出盖梁的各个方向的断面形状。全梁共有6种钢筋,1号、2号、3号、4号钢筋为受力钢筋,直径均为25mm。由1号、2号、3号、4号钢筋焊接成钢筋骨架A,骨架A沿盖梁纵向分布,全梁共有4片骨架A,骨架A在断面上的位置可从断面图中分析。1号、2号钢筋为受力钢筋,1号钢筋有8根,分布在梁的顶面;2号钢筋有8根,分布在梁的顶底部;3号、4号钢筋为骨架A中的斜筋,用来承受横向剪力,每片骨架中有两根4号钢筋,全梁共8根,每片骨架中有8根3号钢筋,全梁共32根;5号钢筋为分布钢筋,钢筋直径为10mm,共8根,布置在梁的两侧面;6号钢筋是箍筋,钢筋直径为10mm,以10cm的间距平均分布在整个梁上,共120道,240根。从工程数量表中的钢筋直径符号可以看出,除6号箍筋是HPB 235钢筋外,其余都是HRB 335钢筋。

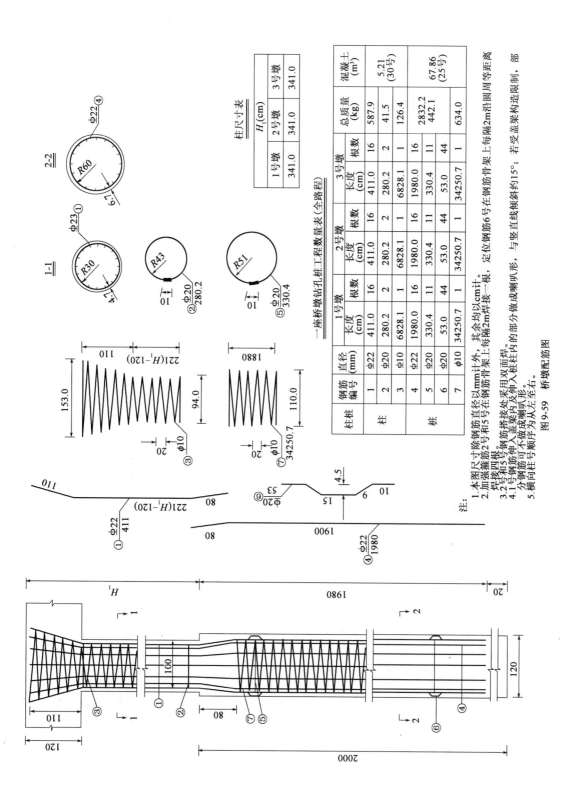

图9-59 桥墩配筋图

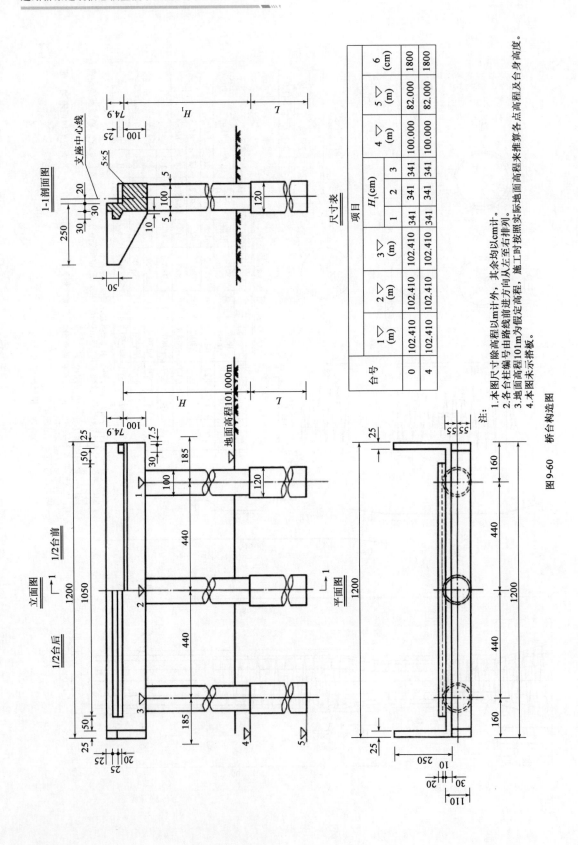

图9-60 桥台构造图

第九章 道路桥梁工程制图与识图

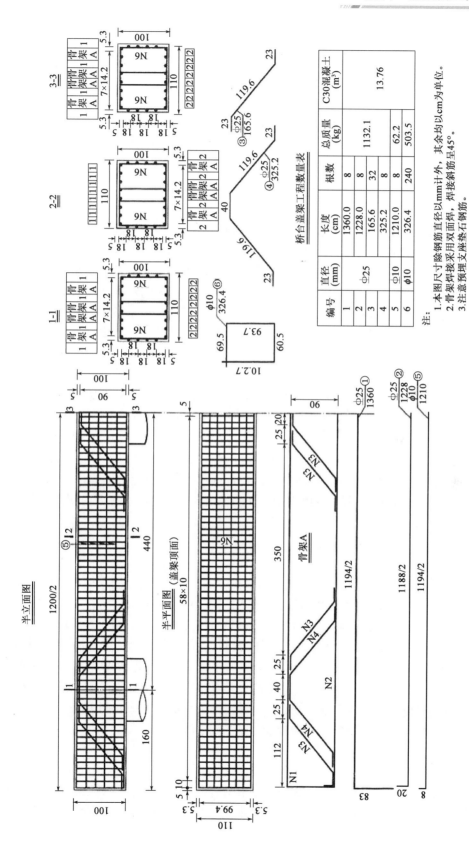

图9-61 桥台盖梁配筋构造图

五、涵洞工程图

涵洞工程图主要由立面图(纵剖面图)、平面图、侧面图和必要的构造详图(如涵身断面图、构件钢筋结构图、翼墙断面图等)、工程数量表、注等组成。各种图形主要表达涵洞的结构形状及尺寸,工程数量表给出全涵各构件的材料及数量,注说明一些图中无法表达的内容,如尺寸单位、施工方法和注意事项等。此处以图 9-62 所示的钢筋混凝土盖板涵为例加以说明。

(一) 立面图

立面图采用了剖面图,由于涵洞较长,采用了折断的画法。由立面图可知洞顶无填土,为明涵。洞身部分长为 2550cm,与路基宽度相同。由图 9-62 中坡度符号的方向可知洞身底面左高右低,坡度为 1%。因此左侧为进水口,右侧为出水口。洞顶上路面分为两层,下层为厚度 10cm 的现浇 C25 混凝土,上层为厚度 4cm 的沥青混凝土。涵洞内的常年平均水位为 812.65m。涵底在下层铺设厚度为 10cm 的砂砾垫层,上层用 5 号砂浆砌筑 30cm 浆砌片石。洞口基础为浆砌片石,高 120cm,进深 40cm。洞口基础与涵底为整体砌筑,均采用浆砌片石。

(二) 平面图

平面图主要表示涵洞的洞身、洞口的平面形状及有关尺寸。图 9-62 展示了该钢筋混凝土盖板涵沿长度方向的进洞口、出洞口和洞身三大部分。其中进、出洞口的结构完全相同,采用了八字翼墙式洞口。图中 ELS814.39 表示涵洞上方道路的中心线处设计高程 814.39m,ELC814.14 表示涵洞上方道路的边缘处设计高程 814.14m。由此可以计算得知,涵洞处道路路面横坡坡度为 2%。涵洞口外围的涵底宽度为 384cm,两侧涵底超出洞口内壁 20cm。明洞身部分涵底的宽度为 140cm。洞口两侧内壁与涵洞轴线成 30°,即八字翼墙内侧铅垂面与涵洞轴线的夹角为 30°。

(三) 侧面图和断面图

侧面图主要反映洞口的结构形状及尺寸。如图 9-62 所示的侧面图表明该涵洞净跨径为 140cm,盖板底距离常水位高差为 115cm,也就是说涵洞的净高为 115cm。

断面图表明洞身、基础的形状、详细尺寸及材料。1-1 断面图为洞身部分,注明了盖板、台帽、涵台、涵台基础的形状尺寸。由图 9-62 可知,台帽是截面为 L 形,长 2550cm 的钢筋混凝土柱体,其上口宽 30cm,下口宽与涵台一样为 60cm,高 54cm。若干块 18cm 厚的钢筋混凝土盖板排列支撑在两台帽之上。基础比涵台向两侧均突出 10cm。涵台基础为长 2550cm、宽 80cm、高 60cm 的 C20 混凝土长方体。涵台台身为长 2550cm、宽 60cm、高 150cm 的 C20 混凝土长方体。涵台和基础采用浆砌片石,盖板和台帽采用混凝土。

(四) 大样图

大样图反映结构细部特征。图 9-62 中八字翼大样图主要表明八字翼墙的形状及各部分的尺寸。翼墙由 7.5 号浆砌片石筑成,八字翼墙内侧面为铅垂面,与涵洞轴线的夹角为 30°。

第九章 道路桥梁工程制图与识图

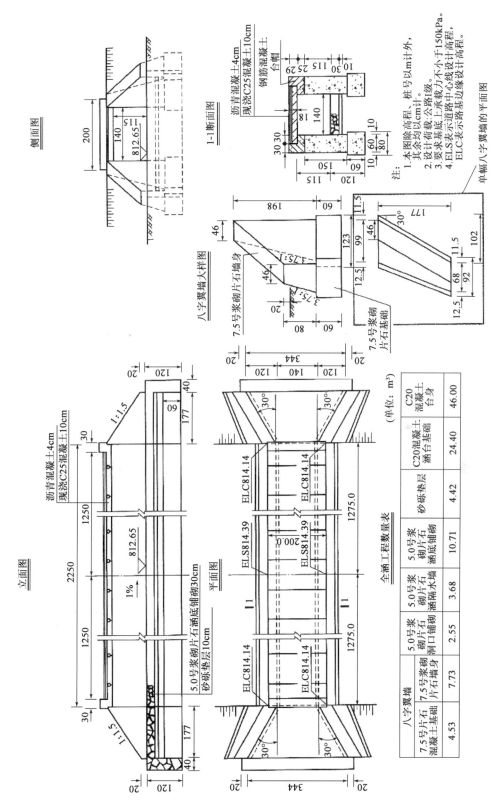

图 9-62 涵洞构造图

翼墙外侧为向下的倾斜面,坡度为3.75∶1,内侧为垂直于基础的竖直面。翼墙前端高80cm,后端靠洞身处高198cm,下面的基础高60cm。结合侧面图可知,墙身的埋置深度为60cm。翼墙顶面是边长为64cm和边长为177/cos30°cm的平行四边形。翼墙底面为四边形,其中三边分别是前边68cm、内侧边177/cos30°cm、靠洞身处边长为99cm。基础比翼墙底面向外侧突出12.5cm,向内侧突出11.5cm。

参 考 文 献

[1] 中华人民共和国建设部.道路工程制图标准:GB 50162—92[S].北京:中国计划出版社,1993.
[2] 中华人民共和国住房和城乡建设部.建筑信息模型应用统一标准:GB/T 51212—2016[S].北京:中国建筑工业出版社,2017.
[3] 中华人民共和国住房和城乡建设部.建筑信息模型施工应用标准:GB/T 51235—2017[S].北京:中国建筑工业出版社,2018.
[4] 中华人民共和国住房和城乡建设部.建筑信息模型分类和编码标准:GB/T 51269—2017[S].北京:中国建筑工业出版社,2018.
[5] 中华人民共和国住房和城乡建设部.建筑信息模型设计交付标准:GB/T 51301—2018[S].北京:中国建筑工业出版社,2019.
[6] 中华人民共和国住房和城乡建设部.建筑信息模型存储标准:GB/T 51447—2021[S].北京:中国建筑工业出版社,2021.
[7] 中华人民共和国住房和城乡建设部.制造工业工程设计信息模型应用标准:GB/T 51362—2019[S].北京:中国计划出版社,2019.
[8] 中华人民共和国交通运输部.公路路基设计规范:JTG D30—2015[S].北京:人民交通出版社股份有限公司,2015.
[9] 中华人民共和国交通运输部.公路沥青路面设计规范:JTG D50—2017[S].北京:人民交通出版社股份有限公司,2017.
[10] 中华人民共和国交通运输部.公路水泥混凝土路面设计规范:JTG D40—2011[S].北京:人民交通出版社,2011.
[11] 中华人民共和国交通运输部.公路桥涵设计通用规范:JTG D60—2015[S].北京:人民交通出版社股份有限公司,2015.
[12] 交通运输部职业资格中心.道路桥梁建筑信息模型技术应用人员职业标准[S].北京:人民交通出版社股份有限公司,2023.
[13] 孙阳.BIM 技术概论[M].北京:中国石油大学出版社,2020.
[14] 人力资源社会保障部教材办公室.职业道德[M].北京:中国劳动社会保障出版社,2018.
[15] 黄晓明.路基路面工程[M].北京:人民交通出版社股份有限公司,2019.
[16] 张新天,吴金荣.道路与桥梁工程概论[M].北京:人民交通出版社股份有限公司,2016.
[17] 邵旭东.桥梁工程[M].北京:人民交通出版社股份有限公司,2019.
[18] BIM 技术人才培养项目辅导教材编委会.BIM 技术概论[M].2 版.北京:中国建筑工业出版社,2018.
[19] 孙立山.BIM 路桥专业基础知识[M].北京:中国建筑工业出版社,2019.
[20] 李云贵.中美英 BIM 标准与技术政策[M].北京:中国建筑工业出版社,2018.

[21] 樊琳娟.道路工程识图与绘图[M].北京:人民交通出版社,2011.
[22] 拉斐尔·萨克斯,查尔斯·伊斯曼,李刚.BIM手册[M].北京:中国建筑工业出版社,2023.
[23] 克里斯·摩尔,杰弗里·W·奥莱特,王娜.美国国家BIM标准第三版推动建筑/工程/施工/业主/经营者领域的进步[J].土木建筑工程信息技术,2014,6(2):20-23.
[24] 周建亮,吴跃星,鄢晓非.美国BIM技术发展及其对我国建筑业转型升级的启示[J].科技进步与对策,2014,31(11):4.
[25] 李军华.为什么是BIM:BIM技术与应用全解码[M].北京:机械工业出版社,2021.
[26] 郑江.BIM在土木工程中的应用[M].北京:北京理工大学出版社,2017.
[27] 杜修力,刘占省,赵研.智能建造概论[M].北京:中国建筑工业出版社,2021.
[28] 刘占省,赵雪锋.BIM基本理论[M].北京:机械工业出版社,2019.
[29] 李益,常莉.BIM技术概论[M].北京:清华大学出版社,2019.
[30] 杨霖华,吕依然.建筑工程项目管理[M].北京:清华大学出版社,2019.
[31] 张静晓.BIM管理与应用[M].北京:人民交通出版社股份有限公司,2017.
[32] 李联宁.物联网技术基础教程[M].3版.北京:清华大学出版社,2020.
[33] 许镇.BIM 2.0教程:建筑全生命期综合应用[M].北京:清华大学出版社,2020.
[34] 王静.BIM落地应用正当时[N].中国建设报,2019-4-19.
[35] 欧阳东,王春光,曹颖,等.新加坡BIM技术应用考察报告[J].建筑技艺,2016,(7):92-95.